아이가 주인공인 책

아이는 스스로 생각하고 성장합니다.
아이를 존중하고 가능성을 믿을 때
새로운 문제들을 스스로 해결해 나갈 수 있습니다.
길벗스쿨의 학습서는 아이가 주인공인 책입니다.
탄탄한 실력을 만드는 체계적인 학습법으로
아이의 공부 자신감을 높여줍니다.

가능성과 꿈을 응원해 주세요.
아이가 주인공인 분위기를 만들어 주고,
작은 노력과 땀방울에 큰 박수를 보내 주세요.
길벗스쿨이 자녀 교육에 힘이 되겠습니다.

[학습 계획표]

시작하기에 앞서 이 책의 학습 계획표를 세워 보세요. 스스로 지킬 수 있는 오늘의 목표를 정하고 꾸준히 실천해 보세요. 매일 꾸준하게 학습할 수 있도록 날짜를 적어서 계획하고 공부하는 습관을 만드는 것도 좋아요.

Week 1	Day 1	Day 2	Day 3	Day 4	Day 5	Weekly Review
	Pattern 01 Pattern 02 Check-up	Pattern 03 Pattern 04 Check-up	Pattern 05 Pattern 06 Check-up	Pattern 07 Pattern 08 Check-up	Pattern 09 Pattern 10 Check-up	
계획한 날짜	월 일	월 일	월 일	월 일	월 일	월 일

Week 2	Day 6	Day 7	Day 8	Day 9	Day 10	Weekly Review
	Pattern 11 Pattern 12 Check-up	Pattern 13 Pattern 14 Check-up	Pattern 15 Pattern 16 Check-up	Pattern 17 Pattern 18 Check-up	Pattern 19 Pattern 20 Check-up	
계획한 날짜	월 일	월 일	월 일	월 일	월 일	월 일

Week 3	Day 11	Day 12	Day 13	Day 14	Day 15	Weekly Review
	Pattern 21 Pattern 22 Check-up	Pattern 23 Pattern 24 Check-up	Pattern 25 Pattern 26 Check-up	Pattern 27 Pattern 28 Check-up	Pattern 29 Pattern 30 Check-up	
계획한 날짜	월 일	월 일	월 일	월 일	월 일	월 일

Week 4	Day 16	Day 17	Day 18	Day 19	Day 20	Weekly Review
	Pattern 31 Pattern 32 Check-up	Pattern 33 Pattern 34 Check-up	Pattern 35 Pattern 36 Check-up	Pattern 37 Pattern 38 Check-up	Pattern 39 Pattern 40 Check-up	
계획한 날짜	월 일	월 일	월 일	월 일	월 일	월 일

기적의 영어문장 쓰기 ④

길벗스쿨

저자 김현정 (E&F Contents)

'Easy & Fun' 교육철학을 내걸고 유초등 학습자를 위한 영어 학습법을 기획·개발하고 있는 영어 교육 전문가. 15년 이상 출판업에 종사하며 초등영어 및 엄마표 영어교재를 다수 펴냈고 파닉스, 영단어, 영문법 등 여러 분야에서 굵직한 베스트셀러를 만들어냈다. 특히 패턴 학습법을 오랜 기간 연구한 전문가로 패턴 학습의 장점을 십분 활용한 패턴 회화 및 패턴 영작 도서를 다수 기획 및 집필했다.

기획·개발한 대표 저서로 《기적의 영어패턴 익히기》, 《왕초보 영어 대박패턴 100》, 《맛있는 초등 필수 영단어》, 《영어동요 하루 Song》, 《영어동요 대화 Song》 등이 있다.

기적의 영어문장 쓰기 4
Miracle Series – Sentence Writing 4

초판 발행 · 2024년 5월 31일

지은이 · 김현정
발행인 · 이종원
발행처 · 길벗스쿨
출판사 등록일 · 2006년 7월 1일 | **주소** · 서울시 마포구 월드컵로 10길 56 (서교동)
대표 전화 · 02)332-0931 | **이메일** · gilbut@gilbut.co.kr

기획 및 책임 편집 · 김소이(soykim@gilbut.co.kr) | **제작** · 손일순
영업마케팅 · 문세연, 박선경, 박다슬 | **웹마케팅** · 박달님, 이재윤, 이지수, 나혜연 | **영업관리** · 정경화 | **독자지원** · 윤정아

교정 · 최주연 | **전산편집** · 연디자인 | **표지 디자인** · 박찬진 | **본문 디자인** · 윤미주 | **영문 감수** · Ryan P. Lagace
표지 삽화 · 김보경 | **본문 삽화** · 박혜연, 플러스툰 | **인쇄** · 교보피앤비 | **제본** · 경문제책 | **녹음** · YR미디어

ISBN 979-11-6406-755-8 64740 (길벗 도서번호 30559)
정가 15,000원

독자의 1초를 아껴주는 정성 길벗출판사
길벗 | IT실용서, IT/일반 수험서, IT전문서, 경제실용서, 취미실용서, 건강실용서, 자녀교육서
더퀘스트 | 인문교양서, 비즈니스서
길벗이지톡 | 어학단행본, 어학수험서
길벗스쿨 | 국어학습서, 수학학습서, 유아학습서, 어학학습서, 어린이교양서, 교과서, 학습단행본

길벗스쿨 공식 카페 〈기적의 공부방〉 · cafe.naver.com/gilbutschool
인스타그램 / 카카오플러스친구 · @gilbutschool

제 품 명 : 기적의 영어문장 쓰기 4
제조사명 : 길벗스쿨
제조국명 : 대한민국
전화번호 : 02-332-0931
주 소 : 서울시 마포구 월드컵로 10길 56 (서교동)
제조년월 : 판권에 별도 표기
사용연령 : 8세 이상
KC마크는 이 제품이 공통안전기준에 적합하였음을 의미합니다.

⭐ '읽기'만 했다면 이제 '쓰기'입니다.

유초등 시기에 동화책과 영상을 통해 영어를 어느 정도 접하여 읽을 수 있는 영어 단어와 문장이 쌓이고 나면 이제 영어 문장 쓰기에 도전할 때입니다. 수동적으로 읽고 듣기만 하는 학습에서 벗어나 능동적으로 영어 문장을 쓰고 말하는 학습을 할 때 아이들의 영어 실력이 급속도로 껑충 성장할 수 있기 때문입니다. 또한 2022 개정 교육과정에서 표현 영역이 강화되면서 서술형 평가가 확대되고 영작 활동이 늘어나기 때문에 앞으로는 쓰기 실력이 더욱 중요시 됩니다.

⭐ 수영을 연습하듯 매일 쓰기를 훈련하세요!

영어 문장을 읽고 뜻을 이해한다고 해서 그 문장을 바로 쓸 수 있는 것은 아닙니다. 읽기는 단어만 알면 문장의 뜻을 대충 짐작할 수 있지만, 쓰기는 단어를 어떤 순서로 나열할지 알아야 하기 때문입니다. 즉, 쓰기 실력을 키우기 위해서는 문장 구조와 어순 감각을 익히고, 그에 맞춰 문장을 만드는 훈련을 풍부하게 해야 합니다. 수영을 잘하려면 직접 팔다리를 휘저으며 연습해야 하듯이, 영어 쓰기를 잘하려면 실제 손으로 써 보는 훈련을 반복적으로 하는 것이 중요합니다. 기초 훈련으로 탄탄하게 힘을 길러야 문장들이 모여 이루는 단락글 영작도 문제 없이 해나갈 수 있게 됩니다.

⭐ 문법보다 '패턴'이 먼저입니다!

문장 구조와 어순 감각을 익히기 위해 문법부터 시작하는 것은 자칫 영어에 대한 거부감만 키울 수 있습니다. 영작을 처음 시작할 때는 복잡하고 난해한 문법을 공부할 필요는 없습니다. 자주 사용되는 문장 형태를 패턴으로 통째로 익힌 후 단어만 바꾸면 원하는 문장을 만들 수 있기 때문입니다. 이렇게 패턴을 이용해서 쓰기 연습을 하다 보면 영어 문장 구조와 어순을 감각적으로 자연스럽게 터득할 수 있게 됩니다.

《기적의 영어문장 쓰기》가 우리 아이들이 영어에 재미와 자신감을 얻고, 나아가 자신의 생각을 영어로 쓸 수 있는 실력을 기르는 데 든든한 디딤돌이 되기를 바랍니다.

저자 **김현정**

이 책의 특징

01

문법을 몰라도 문장을 쉽게 완성할 수 있는 패턴 학습법

패턴을 알면 단어와 표현만 갈아 끼워 영어문장을 쉽게 만들 수 있습니다. 어려운 문법 설명이나 복잡한 문장 구조를 몰라도 영작을 할 수 있어서, 영작을 처음 시작하는 초등학생에게는 패턴이 최적의 학습법입니다.

02

초등 영어교과서에서 뽑은 핵심 패턴 320개로 영작 기본기 완성

초등 영어교과서를 완벽 분석하여 핵심 문장 패턴을 선별하고 유형별로 정리했습니다. 교과서 핵심 패턴과 함께 일상에서 쓰이는 실용적인 예문을 접하면서, 초등 시기에 꼭 필요한 문장 쓰기 실력을 완성합니다.

03

초등 필수 영단어 800개로 영어 기초 체력을 탄탄하게!

초등학교 교육과정 권장단어 및 일상생활에서 자주 쓰이는 주요 단어들을 포함했습니다. 단어 책을 따로 익히고 외우지 않아도, 이 책의 패턴 영작 과정에서 자연스럽게 필수 어휘들도 함께 익힐 수 있습니다.

04

따라만 하면 저절로 외워지는 반복식 영작 훈련

영작 실력은 단숨에 늘지 않기에 꾸준한 연습 기간이 필요합니다. 패턴 문형을 6회 반복 연습할 수 있게 구성하여 문장을 쓰다 보면 기초 문법 개념을 저절로 터득하고, 암기하는 노력 없이도 문장 감각을 키울 수 있습니다.

전체 귀리큘럼

단계	주요 패턴

1권
- be동사 패턴   I am... / I'm not... / You are... / Are you...? / Is she...?
- be동사 패턴   It is... / It's not... / Is it...? / We are... / They are...
- like 패턴   I like... / I don't like... / He likes... / Do you like...?
- have 패턴   I have... / She has... / Do you have...? / I had...

2권
- this & that 패턴   This is... / These are... / Is that...? / My hair is...
- be동사 과거형 패턴   I was... / You were... / It was... / They were...
- 일반동사 과거형 패턴   I saw... / I heard... / I made... / I went to...
- want 패턴   I want... / I want to... / I don't want to... / Do you want...?

3권
- 일반동사 패턴   Open... / Let's... / I don't... / Do you...?
- 진행형 패턴   I'm -ing / You're -ing / Are you -ing? / He was -ing
- can & will 패턴   I can... / Can you...? / I will... / Will you...?
- There is 패턴   There is... / There are... / Is there...? / There is no...

4권
- have to 패턴   I have to... / She has to... / I had to... / I should...
- be going to 패턴   I'm going to... / Are you going to...? / I was going to...
- what & why & who 패턴   What is...? / What do you...? / Why are you so...? / Who is...?
- how & when & where 패턴   How is...? / How many... do you...? / When is...? / Where is...?

단계 안내

기적의 영어문장 쓰기 ①~④

대상: 초등 2~4학년
파닉스 이후, 문법을 몰라도 패턴 문장으로
영어 문장을 쉽게 쓸 수 있어요.

기적의 영어문장 만들기 ①~⑤

대상: 초등 4~6학년
1~5형식 문장구조를 파악하여, 어순에 맞춰
문장을 만드는 연습을 해요.

이 책의 구성과 학습법

기본패턴

패턴 표현에 대한 설명을 읽고 예문을 통해 패턴의 의미와 쓰임을 정확하게 이해합니다.

단어와 예문 듣기

(001) 기본패턴과 응용패턴 문장 듣기

(002) Practice의 단어 및 표현 듣기

(003) Practice의 완성문장 따라 읽기

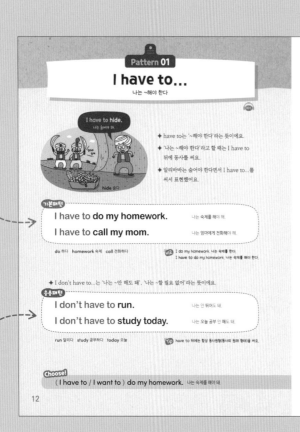

응용패턴

기본 패턴 표현에서 조금 변형된 패턴을 익히면서 패턴에 대한 응용력을 키웁니다.

Practice

앞에서 배운 패턴에 단어와 표현을 넣어 직접 문장을 써 봅니다.

동일한 패턴 문장을 반복해서 쓰다 보면 패턴의 의미와 형태가 각인되고 어순 감각도 저절로 쌓이게 됩니다.

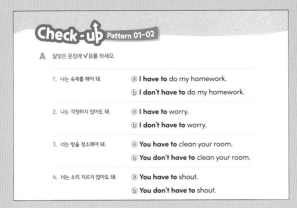

Check-up

오늘 배운 4개의 패턴을 확실히 익혔는지 문제로 확인합니다. 그림 묘사 문장, 대화문, 상황 설명문 등 다양한 유형의 문제를 풀며 오늘의 패턴 문장을 확인합니다.

Weekly Review

5일치 학습이 끝난 후에는 한 주 동안 배운 단어와 패턴 문장을 복습합니다. 단어와 표현들이 반복되도록 구성하여 쉽고 자연스럽게 암기할 수 있습니다.
또한 배운 패턴을 적용하여 짧은 글을 완성해볼 수 있습니다.

부가 학습자료

영단어 연습장

[권말 부록]

단어 테스트

[워크시트 다운로드]

온라인 퀴즈

단어 퀴즈 본책에서 학습한 주요 영어 단어의 철자와 뜻을 점검합니다.

문장 퀴즈 우리말에 알맞게 영어문장을 완성하면서 패턴 문장을 한 번 더 복습합니다.

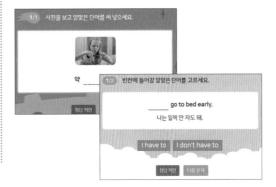

길벗스쿨 e클래스 eclass.gilbut.co.kr

길벗스쿨 e클래스에서 온라인 퀴즈, MP3 파일 및 워크시트 다운로드 등 부가 학습자료를 이용하실 수 있습니다.

차례

다음 문장을
영어로 표현할 수 있나요?

☐ 나는 숙제를 해야 돼.

☐ 넌 일찍 일어나지 않아도 돼.

☐ 나는 장화를 신어야겠어.

☐ 너는 들어오면 안 돼.

☐ 나는 늦을지도 몰라.

*Point

해야 하는 일을 말할 때 가장 많이 쓰는 have to를 중점적으로 연습한 후, have to 보다 해야 하는 강도가 낮은 should, 해야 하는 강도가 높은 must를 패턴으로 연습합니다. 그러면서 자연스럽게 have to / should / must의 어감을 비교하며 적절한 조동사를 골라서 사용할 수 있게 됩니다.

Week 1

have to 패턴

해야 하는 일 표현하기

Pattern 01

I have to...

나는 ~해야 한다

I have to hide.
나는 숨어야 해.

hide 숨다

✦ have to는 '~해야 한다'라는 뜻이에요.

✦ '나는 ~해야 한다'라고 할 때는 I have to 뒤에 동사를 써요.

✦ 알리바바는 숨어야 한다면서 I have to...를 써서 표현했어요.

기본패턴

> ## I have to **do my homework.**
>
> ## I have to **call my mom.**

나는 숙제를 해야 해.

나는 엄마에게 전화해야 해.

do 하다   homework 숙제   call 전화하다

 I do my homework. 나는 숙제를 한다.
I have to do my homework. 나는 숙제를 해야 한다.

✦ I don't have to...는 '나는 ~안 해도 돼', '나는 ~할 필요 없어'라는 뜻이에요.

응용패턴

> ## I don't have to **run.**
>
> ## I don't have to **study today.**

나는 안 뛰어도 돼.

나는 오늘 공부 안 해도 돼.

run 달리다   study 공부하다   today 오늘

 have to 뒤에는 항상 동사원형(동사의 원래 형태)을 써요.

Choose!

(I have to / I want to) do my homework.   나는 숙제를 해야 돼.

12

 **Practice** 패턴에 알맞은 표현을 넣어 문장을 완성하세요.

take my medicine
내 약을 먹다

study for the test
시험공부를 하다

go to the bathroom
화장실에 가다

❶ 나는 화장실에 가야 돼.

I have to

❷ 나는 약을 먹어야 돼.

• 약을 '먹다'는 eat가 아니라 take를 써서 표현해요.

❸ 나는 시험공부를 해야 돼.

worry
걱정하다

go to school
학교에 가다

go to bed early
일찍 자다

❹ 나는 걱정할 필요가 없어.

I don't have to

❺ 나는 일찍 안 자도 돼.

❻ 나는 오늘 학교 안 가도 돼. + today 오늘

You have to...

너는 ~해야 한다

You have to send me your daughter.
당신은 나에게 당신 딸을 보내야 해.

send 보내다 daughter 딸

✦ You have to...는 '너는 ~해야 한다'라는 뜻이에요.

✦ 야수는 남자가 딸을 보내야 한다면서 You have to...를 사용했어요.

기본패턴

You have to brush your teeth. 너는 양치를 해야 돼.

You have to clean your room. 너는 방을 청소해야 돼.

brush 솔질하다 teeth tooth(이)의 복수형 clean 청소하다 room 방

✦ You don't have to...는 '너는 ~안 해도 돼', '너는 ~할 필요 없어'라는 뜻이에요.

응용패턴

You don't have to worry. 너는 걱정하지 않아도 돼.

You don't have to be afraid. 너는 무서워할 필요 없어.

worry 걱정하다 afraid 무서워하는

Choose!

(You have to / You don't have to) worry. 너는 걱정하지 않아도 돼.

14

Practice

패턴에 알맞은 표현을 넣어 문장을 완성하세요. 005 006

take a rest
쉬다

pull the door
문을 당기다

wait your turn
네 차례를 기다리다

shout
소리 지르다

finish it
그것을 끝내다

get up early
일찍 일어나다

❶ 너는 문을 당겨야 해.

You have to

❷ 너는 쉬어야 해.

• rest는 '휴식'이고, take a rest는 '휴식을 취하다, 쉬다'라는 뜻이에요.

❸ 너는 네 차례를 기다려야 해.

• turn에는 '차례, 순번'이라는 뜻이 있어요.

❹ 너는 소리 지르지 않아도 돼. (= 너는 소리 지를 필요 없어.)

You don't have to

❺ 너는 일찍 일어나지 않아도 돼.

❻ 너는 그것을 지금 끝내지 않아도 돼. + now 지금

Pattern 02　15

A 알맞은 문장에 ✔표를 하세요.

---

1. 나는 숙제를 해야 돼.

   ⓐ **I have to** do my homework.

   ⓑ **I don't have to** do my homework.

---

2. 나는 걱정하지 않아도 돼.

   ⓐ **I have to** worry.

   ⓑ **I don't have to** worry.

---

3. 너는 방을 청소해야 돼.

   ⓐ **You have to** clean your room.

   ⓑ **You don't have to** clean your room.

---

4. 너는 소리 지르지 않아도 돼.

   ⓐ **You have to** shout.

   ⓑ **You don't have to** shout.

B 알맞은 표현을 써서 문장을 완성하세요.

> You have to   I have to   I don't have to   You don't have to

1. 나는 약을 먹어야 돼. ➡ _____ take my medicine.

2. 너는 문을 당겨야 돼. ➡ _____ pull the door.

3. 나는 안 뛰어도 돼. ➡ _____ run.

4. 너는 무서워할 필요 없어. ➡ _____ be afraid.

C 그림을 참고하여 상황에 알맞은 문장을 쓰세요.

1. _____
나는 화장실 가야 해요. (go to the restroom)

2. _____
너는 네 차례를 기다려야 돼. (wait your turn)

3. _____
너는 시험공부를 해야 돼. (study for the test)

4. _____ anymore.
저는 더 이상 공부 안 해도 돼요. (study)

5. _____
_____ now.
너는 지금 일어나야 해. (get up)

6. _____
_____ today.
저는 오늘 학교 안 가도 돼요. (go to school)

We have to...

우리는 ~해야 한다

 007

We have to be careful.
우리는 조심해야 돼.

careful 조심하는

✦ '우리는 ~해야 한다'는 We have to 뒤에 동사를 써서 나타내요.

✦ '그들은 ~해야 한다'는 They have to 뒤에 동사를 써서 나타내요.

✦ 서울쥐는 자기들이 조심해야 한다면서 We have to...를 사용했어요.

기본패턴

We have to pull the door.   우리는 문을 당겨야 해.

They have to take a rest.   그들은 쉬어야 돼.

pull 당기다   door 문   take a rest 쉬다

✦ '우리는/그들은 ~하지 않아도 돼'는 We/They don't have to...를 사용해서 나타내요.

응용패턴

We don't have to get up early.   우리는 일찍 일어나지 않아도 돼.

They don't have to shout.   그들은 소리 지르지 않아도 돼.

get up 일어나다   early 일찍   shout 소리 지르다

Choose!

(We have to / We don't have to) get up early.   우리는 일찍 일어나야 돼.

18

Practice 패턴에 알맞은 표현을 넣어 문장을 완성하세요.

push the door
문을 밀다

save water
물을 아끼다

recycle paper
종이를 재활용하다

❶ 우리는 물을 아껴야 돼.

We have to

❷ 우리는 종이를 재활용해야 돼.

❸ 그들은 문을 밀어야 해요.

• push(밀다)의 반대말은 pull(당기다)이에요.

walk fast
빨리 걷다

hurry
서두르다

cross the bridge
다리를 건너다

❹ 우리는 서두르지 않아도 돼.

We don't have to

❺ 우리는 빨리 안 걸어도 돼.

❻ 그들은 다리를 건너지 않아도 돼요.

Pattern 04

She has to...

그녀는 ~해야 한다

She has to stay in the castle.
그녀는 성에서 지내야 해요.

오로워

stay 머물다, 지내다

castle 성

✦ 주어가 He/She일 때는 have to 대신 has to를 사용해요.

✦ He/She has to...는 '그는/그녀는 ~해야 한다'라는 뜻이에요.

✦ 라푼젤이 성에서 지내야 한다는 뜻으로 She has to...를 사용했어요.

기본패턴

She has to go to the bank.   그녀는 은행에 가야 해.

He has to finish his homework.   그는 숙제를 끝내야 해.

go 가다 bank 은행 finish 끝내다

 비교 I have to go to the bank. 나는 은행에 가야 한다.
She has to go to the bank. 그녀는 은행에 가야 한다.

✦ '그는/그녀는 ~하지 않아도 돼'는 He/She doesn't have to...를 사용해요.

응용패턴

She doesn't have to hurry.   그녀는 서두르지 않아도 돼.

He doesn't have to walk fast.   그는 빨리 걷지 않아도 돼.

hurry 서두르다 walk 걷다 fast 빨리

Choose!

(She have to / She has to) hurry. 그녀는 서둘러야 돼.

Practice 패턴에 알맞은 표현을 넣어 문장을 완성하세요. 011 012

buy a gift
선물을 사다

write in a diary
일기를 쓰다

write a book report
독후감을 쓰다

❶ 그녀는 선물을 사야 해.

She has to

❷ 그는 독후감을 써야 해.

❸ 그녀는 일기를 써야 해.

wear a jacket
잠바를 입다

take a taxi
택시를 타다

bring a present
선물을 가져오다

❹ 그녀는 선물을 가져오지 **않아도 돼**.

She doesn't have to

❺ 그녀는 잠바를 안 입어도 돼.

• jacket은 '재킷', '잠바'를 모두 뜻해요.

❻ 그는 택시를 탈 필요 없어요.

 **Pattern 03-04**

A 알맞은 문장에 ✔표를 하세요.

1. 우리는 문을 밀어야 해.
   - ⓐ **We have to** push the door.
   - ⓑ **We want to** push the door.

2. 그는 다리를 건너야 해.
   - ⓐ **He has to** cross the bridge.
   - ⓑ **He have to** cross the bridge.

3. 우리는 일찍 일어나지 않아도 돼.
   - ⓐ **We don't have to** get up early.
   - ⓑ **We doesn't have to** get up early.

4. 그녀는 은행에 안 가도 돼.
   - ⓐ **She don't have to** go to the bank.
   - ⓑ **She doesn't have to** go to the bank.

B 알맞은 표현을 써서 문장을 완성하세요.

> He has to   He doesn't have to   We have to   We don't have to

1. 우리는 선물을 사야 해. ➡ _____ buy a gift.

2. 그는 택시를 타야 해요. ➡ _____ take a taxi.

3. 우리는 잠바를 안 입어도 돼. ➡ _____ wear a jacket.

4. 그는 빨리 걷지 않아도 돼. ➡ _____ walk fast.

22

C 그림을 참고하여 상황에 알맞은 문장을 쓰세요.

1. _____

그들은 서둘러야 해. (hurry)

2. But _____

하지만 그들은 뛸 필요는 없어. (run)

3. _____

그는 일기는 안 써도 돼요. (write in a diary)

4. But _____

하지만 그는 독후감을 써야 해요. (write a book report)

5. _____

우리는 물을 아껴야 한다. (save water)

6. _____

우리는 종이를 재활용해야 한다. (recycle paper)

I had to...

나는 ~해야 했다

I had to hide.
저는 숨어야 했어요.

hide 숨다

✦ 과거에 해야 했던 일은 have to 대신 had to를 사용해서 나타내요.

✦ 아기염소는 숨어야 했다면서 I had to...를 사용했어요.

✦ 과거형인 had to는 주어에 따라 형태가 바뀌지 않아요.

기본패턴

I had to go home.   나는 집에 가야 했다.

He had to help his friends.   그는 친구들을 도와야 했다.

home 집   help 돕다   friend 친구

비교 I have to go home. 나는 집에 가야 한다. (현재)
I had to go home. 나는 집에 가야 했다. (과거)

✦ 과거에 '나는 ~할 필요가 없었다'는 I didn't have to...를 사용해요.

응용패턴

I didn't have to worry.   나는 걱정할 필요가 없었다.

We didn't have to ask him.   우리는 그에게 물어볼 필요가 없었다.

ask 물어보다

Choose!

(I have to / I had to) go home.   나는 집에 가야 했다.

Practice

패턴에 알맞은 표현을 넣어 문장을 완성하세요.

borrow some money
돈을 좀 빌리다

go to the hospital
병원에 가다

feed the dog
개에게 먹이를 주다

❶ 나는 병원에 가야 했다.

I had to

❷ 나는 돈을 좀 빌려야 했다.

❸ 그녀는 개에게 먹이를 줘야 했다.

fix the bicycle
자전거를 고치다

wash the dishes
설거지하다

wake up early
일찍 일어나다

❹ 나는 자전거를 고칠 필요가 없었다.

I didn't have to

❺ 우리는 일찍 일어날 필요가 없었다.

❻ 그녀는 설거지할 필요가 없었다.

I should...

나는 ~해야겠다

I should meet the wizard.
나는 마법사를 만나야겠어.

meet 만나다
wizard 마법사

✦ should도 '~해야 한다'인데 have to보다 해야 하는 강도가 약해요.

✦ I should...는 '나는 ~해야 한다 / 해야겠다 / 하는 것이 좋겠다' 정도의 의미예요.

✦ 도로시는 오즈의 마법사를 만나야겠다면서 I should...를 사용했어요.

기본패턴

I should **take a shower.** 나는 샤워를 해야겠어.

I should **wash the dishes.** 나는 설거지를 해야 해.

take a shower 샤워하다
wash the dishes 설거지하다

 I have to wash the dishes. 나는 설거지를 해야 해. (꼭 해야 한다)
I should wash the dishes. 나는 설거지를 해야 해. (하는 게 좋겠다)

✦ should는 주어가 바뀌어도 형태가 바뀌지 않아요.

응용패턴

We should **listen to her.** 우리는 그녀의 말을 들어야 해.

He should **ask Emily.** 그는 에밀리에게 물어보는 게 좋겠어.

listen to ~을 듣다

 should는 주어에 따라 형태가 바뀌지 않고, 뒤에는 항상 동사원형을 써요. (조동사)

Choose!

(I could / I should) take a shower. 나는 샤워를 해야겠어.

26

 패턴에 알맞은 표현을 넣어 문장을 완성하세요.

wear rain boots
장화를 신다

study math
수학을 공부하다

water the flowers
꽃에 물을 주다

wear a mask
마스크를 쓰다

be careful
조심하다

take an umbrella
우산을 가져가다

❶ 나는 수학을 공부해**야겠어.**

I should

❷ 나는 장화를 신어**야겠어.**

❸ 나는 꽃에 물을 줘**야 해.**

❹ 우리는 조심해**야 해요.**

We should

❺ 그들은 마스크를 쓰는 게 좋겠어.

❻ 그녀는 우산을 가져가는 게 좋겠어요.

A 알맞은 문장에 √표를 하세요.

1. 나는 돈을 좀 빌려야 했다.
ⓐ **I had to** borrow some money.
ⓑ **I have to** borrow some money.

2. 나는 걱정할 필요가 없었다.
ⓐ **I don't have to** worry.
ⓑ **I didn't have to** worry.

3. 나는 장화를 신어야겠어.
ⓐ **I should** wear rain boots.
ⓑ **I could** wear rain boots.

4. 우리는 조심해야 해요.
ⓐ **We would** be careful.
ⓑ **We should** be careful.

B 알맞은 표현을 써서 문장을 완성하세요.

| I should | We should | I had to | I didn't have to |

1. 나는 꽃에 물을 줘야 했다. → _____ water the flowers.

2. 나는 일찍 일어날 필요가 없었다. → _____ wake up early.

3. 나는 마스크를 써야겠어. → _____ wear a mask.

4. 우리는 우산을 가져가는 게 좋겠어. → _____ take an umbrella.

C 그림을 참고하여 상황에 알맞은 문장을 쓰세요.

1. _____

   나는 빨리 뛰어야 했다. (run fast)

2. But _____

   하지만 그 애는 뛸 필요가 없었다. (run)

3. _____

   나는 병원에 갈 필요가 없었다. (go to the hospital)

4. But _____

   하지만 그 애는 병원에 가야 했다. (go to the hospital)

5. _____

   나는 집에 가야겠어. (should, go home)

6. _____

   나는 나의 개에게 먹이를 줘야 해. (should, feed my dog)

Pattern 07

You should...

너는 ~해야 한다

You should work all day.
넌 온종일 일해야 한단다.

work 일하다 all day 온종일

✦ 상대방이 해야 하는 일을 말할 때 You have to... 대신 You should...를 써도 돼요.

✦ You have to...는 '너는 꼭 ~해야 돼'라는 강한 느낌이고, You should...는 '너는 ~하는 게 좋겠다' 정도의 약한 느낌이에요.

기본패턴

You should wash your hands.   너는 손을 씻어야 해.

You should wear gloves.   너는 장갑을 끼는 게 좋겠다.

wash 씻다 hand 손 wear 착용하다, 입다 gloves 장갑

✦ '너는 ~하면 안 돼'는 You should not...으로 시작해요.

응용패턴

You should not be late.   너는 늦으면 안 돼.

You should not talk here.   너희는 여기에서 얘기하면 안 돼.

late 늦은 talk 얘기하다 here 여기에서

 You should...와 You should not...은 상대방에게 조언하거나 충고할 때 자주 사용해요.

Choose!

(**You should** / You should not) be late. 너는 늦으면 안 돼.

Practice
패턴에 알맞은 표현을 넣어 문장을 완성하세요.

save money
돈을 절약하다

stand in line
줄을 서다

eat vegetables
야채를 먹다

❶ 너는 줄을 서야 돼.

You should

❷ 너는 돈을 절약해야 해.

❸ 너는 야채를 먹는 게 좋아.

waste your money
네 돈을 낭비하다

eat too much
너무 많이 먹다

cut in line
새치기하다

❹ 너는 너무 많이 먹으면 안 돼.

You should not

❺ 너는 돈을 낭비하면 안 돼.

❻ 너는 새치기하면 안 돼.

You must...

너는 (꼭) ~해야 한다

You must leave before 12.
너는 12시 전에 (꼭) 나와야 해.

leave 떠나다, 나오다 before ~전에

✦ 꼭 해야 하는 일을 강하게 말할 때는 must를
   사용해요.

✦ 해야 하는 강도는 must 〉 have to 〉 should
   의 순서예요.

✦ 요정은 신데렐라에게 12시 전에 꼭 나와야
   한다면서 You must...를 사용했어요.

기본패턴

You must stand in line.
너는 (꼭) 줄을 서야 해.

We must stay here.
우리는 (꼭) 여기에 있어야 해.

stand 서다 line 줄, 선
stay 머무르다, 가만히 있다

Tip must는 주어에 따라 형태가 바뀌지 않고, 뒤에는 항상 동사원형을 써요.
(조동사)

✦ must not은 '~하면 안 돼'라고 강하게 금지하는 표현이에요.

응용패턴

You must not come in.
너는 들어오면 안 돼.

They must not be late.
그들은 늦으면 안 돼.

come in 들어오다

비교 You **must** not come in. 너는 들어오면 안 돼. (절대 금지)
You **should** not come in. 너는 들어오면 안 돼. (안 들어오는 게 좋겠어.)

Choose!

(We must / We should) stay here. 우리는 꼭 여기에 있어야 해.

Practice 패턴에 알맞은 표현을 넣어 문장을 완성하세요.

hide
숨다

wear a swimsuit
수영복을 입다

wear a life jacket
구명조끼를 입다

❶ 너는 (꼭) 숨어야 돼.

You must

❷ 너는 수영복을 (꼭) 입어야 해.

❸ 우리는 구명조끼를 (꼭) 입어야 해.

swim here
여기에서 수영하다

tell a lie
거짓말하다

touch anything
뭐든 만지다

❹ 너는 아무것도 만지면 안 돼.

You must not

❺ 너는 거짓말하면 안 돼.

• '거짓말하다'는 lie 또는 tell a lie라고 해요.

❻ 그들은 여기에서 수영하면 안 돼.

A 알맞은 문장에 ✔표를 하세요.

1. 너는 손을 씻어야 해.
   ⓐ **You should** wash your hands.
   ⓑ **You should not** wash your hands.

2. 너는 돈을 낭비하면 안 돼.
   ⓐ **You should** waste your money.
   ⓑ **You should not** waste your money.

3. 너는 숨어야 해.
   ⓐ **You must** hide.
   ⓑ **You must not** hide.

4. 너는 거짓말하면 안 돼.
   ⓐ **You must** tell a lie.
   ⓑ **You must not** tell a lie.

B 알맞은 표현을 써서 문장을 완성하세요.

> You should   You should not   We must   We must not

1. 너는 야채를 먹는 게
   좋아.
   → _____ eat vegetables.

2. 우리는 (꼭) 여기에
   있어야 돼.
   → _____ stay here.

3. 너는 너무 많이 먹으면
   안 돼. (충고)
   → _____ eat too much.

4. 우리는 여기에서
   수영하면 안 돼. (금지)
   → _____ swim here.

34

C 그림을 참고하여 상황에 알맞은 문장을 쓰세요.

1. _____
나는 장갑을 껴야겠어. (wear gloves)

2. _____
나는 마스크를 해야겠어. (wear a mask)

3. _____
너는 새치기하면 안 돼. (cut in line)

4. _____
너는 (꼭) 줄을 서야 돼. (stand in line)

5. _____
너는 수영복을 (꼭) 입어야 돼. (wear a swimsuit)

6. _____
너는 구명조끼를 (꼭) 입어야 돼. (wear a life jacket)

You must be...

너는 (분명히) ~하겠구나

> You must be very cold.
> 당신은 무척 춥겠군요.

cold 추운

✦ must는 '(분명히) ~일 것이다'라는 추측의 의미도 나타낼 수 있어요.

✦ You must be...는 '너는 분명히 ~하겠구나' 라고 추측할 때 사용해요.

✦ 인어공주가 추운 게 분명해 보였기 때문에 You must be...를 이용했어요.

기본패턴

You must be happy.   너는 (분명히) 기분이 좋겠다.

You must be Mike.   네가 (분명히) 마이크구나.

happy 행복한, 기분이 좋은

✦ must be 앞에 다양한 주어를 넣어 추측의 표현을 만들어 보세요.

응용패턴

He must be sleepy.   그는 (분명히) 졸릴 거야.

It must be hot outside.   밖은 (분명히) 더울 거야.

sleepy 졸린   hot 더운   outside 밖

Choose!

(You should be / **You must be**) happy.   너는 (분명히) 기분이 좋겠다.

 패턴에 알맞은 표현을 넣어 문장을 완성하세요.

excited	hungry	tired
신이 난	배고픈	피곤한

❶ 너는 (분명히) 피곤하겠다.

You must be

❷ 너는 (분명히) 배고프겠다.

❸ 너는 (분명히) 신나겠다.

afraid	delicious	a dream
무서운	맛있는	꿈

❹ 이건 (분명히) 꿈일 거야.

It must be

❺ 그건 (분명히) 맛있을 거야.

❻ 그는 (분명히) 무서울 거야.

Pattern 10

I may...

나는 ~일지도 모른다

I may win.
내가 이길지도 몰라.

win 이기다

✦ may는 '~일지도 모른다', '~일 수도 있다' 라는 뜻이에요.

✦ may는 must보다 약하게 추측할 때 사용해요.

✦ 거북이는 자기가 이길지도 모른다면서 I may...를 사용했어요.

기본패턴

I may be late.	나는 늦을지도 몰라.
You may be wrong.	네가 틀릴 수도 있어.

wrong 틀린

 Tip may는 주어에 따라 형태가 바뀌지 않고, 뒤에는 항상 동사원형을 써요. (조동사)

✦ may not은 '~하지 않을지도 몰라', '~이 아닐 수도 있어'라는 뜻이에요.

응용패턴

It may not be easy.	그것은 쉽지 않을 수도 있어.
He may not like chocolate.	그는 초콜릿을 안 좋아할 수도 있어.

easy 쉬운 like 좋아하다 chocolate 초콜릿

Choose!

(I may / I must) be late. 나는 늦을지도 몰라.

 패턴에 알맞은 표현을 넣어 문장을 완성하세요.

be wrong
틀리다

be dangerous
위험하다

catch a cold
감기에 걸리다

❶ 내가 틀렸을지도 몰라.

I may

❷ 너는 감기에 걸릴지도 몰라.

• cold는 '추운' 외에 '감기'라는 뜻도 있어요.

❸ 그건 위험할 수도 있어.

be safe
안전하다

be the answer
답이다

come to the party
파티에 오다

❹ 그게 답이 아닐 수도 있어.

It may not

❺ 그것은 안전하지 않을 수도 있어.

❻ 그녀는 파티에 안 올 수도 있어.

Check-up Pattern 09-10

A 알맞은 문장에 ✔표를 하세요.

1. 네가 (분명히) 마이크겠구나.
   ⓐ **You must be** Mike.
   ⓑ **You may be** Mike.

2. 내가 틀렸을지도 몰라.
   ⓐ **I must be** wrong.
   ⓑ **I may be** wrong.

3. 밖은 (분명히) 더울 거야.
   ⓐ **It must be** hot outside.
   ⓑ **It may be** hot outside.

4. 그것은 안전하지 않을 수도 있어.
   ⓐ **It must not be** safe.
   ⓑ **It may not be** safe.

B 알맞은 표현을 써서 문장을 완성하세요.

> You must be   It must be   I may be   It may not be

1. 나는 늦을지도 몰라. → _____ late.

2. 너는 (분명히) 신나겠다. → _____ excited.

3. 그건 (분명히) 맛있겠다. → _____ delicious.

4. 그것은 쉽지 않을 수도 있어. → _____ easy.

40

C   그림을 참고하여 상황에 알맞은 문장을 쓰세요.

1. _____
너는 (분명히) 춥겠구나. (cold)

2. _____
너는 감기에 걸릴지도 몰라. (catch a cold)

3. _____
그것은 안전하지 않을 수도 있어. (be safe)

4. _____
그것은 위험할지도 몰라. (be dangerous)

5. _____
나는 늦을지도 몰라. (be late)

6. _____
너는 늦으면 안 돼. (must, be late)

A 사진을 보고 알맞은 단어를 고르세요.

1.

I have to take my (medicine / present).

2.

You have to (pull / push) the door.

3.

We have to (write / recycle) paper.

4.

I should (feed / wash) my dog.

5.

You should (save / waste) money.

6.

You must wear a (swimsuit / life jacket).

B 알맞은 패턴과 표현을 찾아서 연결하세요.

1. 나는 시험공부를 해야 돼요. — I have to — hurry.

2. 그녀는 은행에 가야 해요. — I don't have to — study for the test.

3. 나는 서두르지 않아도 돼요. — You have to — go to the bank.

4. 너는 양치를 해야 돼. — She has to — brush your teeth.

5. 너는 새치기하면 안 돼. — You must — be dangerous.

6. 그것은 위험할 수도 있어. — You should not — cut in line.

7. 너는 (꼭) 줄을 서야 돼. — It may — delicious.

8. 그건 (분명히) 맛있을 거야. — It must be — stand in line.

C 빈칸에 알맞은 표현을 써서 문장을 완성하세요.

1.

   ❶ _____ study for the test.

   But ❷ _____ study now.

   나는 시험공부를 해야 돼.(have to) / 하지만 나는 지금 공부할 필요는 없어.

2.

   ❶ _____ run.

   But ❷ _____ walk fast.

   우리는 뛸 필요는 없어. / 하지만 우리는 빨리 걸어야 해.(have to)

3.

   ❶ _____ cross the bridge.

   ❷ _____ be safe.

   그는 다리를 건너야 해요.(has to) / 그것은 안전하지 않을 수도 있어요.

4.

   ❶ _____ make dinner.

   But ❷ _____ wash the dishes.

   그녀는 저녁을 만들어야 했다. / 하지만 그녀는 설거지할 필요는 없었다.

5.

   ❶ _____ wear a jacket.

   ❷ _____ catch a cold.

   너는 잠바를 입는 게 좋겠어. / 너는 감기에 걸릴지도 몰라.

D 빈칸에 알맞은 표현을 써서 글을 완성하세요.

A: You have to get up now.

B: I don't have to get up early.

A: ❶ [＿＿＿＿＿＿＿＿] go to school.

B: ❷ [＿＿＿＿＿＿＿＿] go to school today.

A: Oops! It's Sunday! Sorry!

➡️ A: 너는 지금 일어나야 돼. B: 저는 일찍 일어나지 않아도 돼요. A: **너는 학교 가야 돼.**
   B: **저는 오늘 학교 안 가도 돼요.** A: 어머! 일요일이네! 미안해!

A: You must be tired.

　 You should take a rest.

B: ❸ [＿＿＿＿＿＿＿] do my homework.

A: ❹ [＿＿＿＿＿＿＿＿＿] finish it now.

B: But I want to finish it now.

➡️ A: 너는 (분명히) 피곤하겠구나. 너는 쉬는 게 좋겠다. B: **저는 숙제를 해야 해요.**
   A: **너는 그것을 지금 끝낼 필요는 없어.** B: 하지만 저는 지금 끝내고 싶어요.

다음 문장을
영어로 표현할 수 있나요?

- -

☐ 나는 영화를 볼 거야.

☐ 너는 후회할 거야.

☐ 너는 그 책을 살 거야?

☐ 우리는 사진을 찍을 거야.

☐ 오늘 눈이 올 거야.

*Point

미래의 일을 나타내는 be going to 패턴을 연습합니다. 오늘 오후에 할 일, 내일 할 일,
다음 달에 할 일 등 미래의 계획을 말할 때 아주 많이 쓰는 패턴이에요. 상황에 맞게 주
어와 be동사를 바꿔 가며 사용할 수 있으려면 문장 형태로 충분히 연습해 두어야 합니다.

Week 2

be going to 패턴

미래에 할 일 표현하기

I'm going to...

나는 ~할 것이다

I'm going to eat you.
나는 너희를 잡아먹을 거야.

eat (잡아)먹다

✦ 미래에 '나는 ~할 거야'라고 할 때는
   I am going to 뒤에 동사를 써요.

✦ 줄여서 I'm going to...라고 할 때가 많아요.

✦ 늑대는 아기염소들을 잡아먹을 거라면서
   I'm going to...를 사용했어요.

기본패턴

| I'm going to **sleep**. | 나는 잘 거야. |
| I'm going to **watch TV**. | 나는 TV를 볼 거야. |

sleep 자다   watch 보다   TV 텔레비전

 비교 I sleep. 나는 잔다. (현재)
I'm going to sleep. 나는 잘 거야. (미래)

✦ I'm going to... 문장 끝에 today(오늘), tomorrow(내일) 등을 붙여 봐요.

응용패턴

| I'm going to **make a cake** today. | 나는 오늘 케이크를 만들 거야. |
| I'm going to **study English** tomorrow. | 나는 내일 영어 공부를 할 거야. |

make 만들다   cake 케이크   English 영어

 Tip I'm going to 뒤에는 항상 동사원형을 붙여요.

Choose!

(I'm coming to / I'm going to) sleep.   나는 잘 거야.

 **Practice** 패턴에 알맞은 표현을 넣어 문장을 완성하세요. 032 033

wear pants
바지를 입다

draw a picture
그림을 그리다

invite my friends
내 친구들을 초대하다

❶ 나는 그림을 그릴 거야.

I'm going to

❷ 나는 바지를 입을 거야.

❸ 나는 내 친구들을 초대할 거야.

see a movie
영화를 보다

brush my teeth
내 이를 닦다, 양치하다

stay at home
집에 머물다/있다

❹ 나는 오늘 영화를 볼 거야.

I'm going to   today.

❺ 나는 내일 집에 있을 거야.

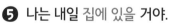 • stay는 다른 곳에 가지 않고 그대로 있는 것을 말해요.

❻ 나는 지금 양치를 할 거야. + now 지금

I'm not going to...

나는 ~하지 않을 것이다

I'm not going to eat the carrot.
나는 당근 안 먹을 거야.

carrot 당근

✦ 미래에 '나는 ~하지 않을 거야'라고 할 때는
I'm not going to 뒤에 동사를 써요.

✦ 서울쥐는 당근을 안 먹을 거라면서
I'm not going to...를 사용했어요.

기본패턴

I'm not going to **read a book.** 나는 책을 안 읽을 거야.

I'm not going to **brush my teeth.** 나는 양치를 안 할 거야.

read 읽다   book 책

✦ I'm not going to... 끝에 anymore를 쓰면 '나는 이제는/더 이상 ~ 안 할 거야'라는 뜻이 돼요.

응용패턴

I'm not going to **lie** anymore. 나는 이제 거짓말 안 할게요.

I'm not going to **be late** anymore. 나는 더 이상 늦지 않을게요.

lie 거짓말하다

Choose!

(I'm going to / **I'm not going to**) lie. 나는 거짓말하지 않을 거야.

Practice

패턴에 알맞은 표현을 넣어 문장을 완성하세요.

wash my hair
내 머리를 감다

wear a skirt
치마를 입다

take a shower
샤워하다

❶ 나는 치마 안 입을 거야.

I'm not going to

❷ 나는 머리 안 감을 거야.

❸ 나는 샤워 안 할 거야.

• shower는 '샤워'이고, take a shower는 '샤워하다'예요.

cry
울다

wait
기다리다

play with you
너와 놀다

❹ 나는 더 이상 안 기다릴 거야.

I'm not going to   anymore.

❺ 나는 이제 울지 않을 거야.

❻ 나는 이제 너랑 안 놀 거야.

A 알맞은 문장에 ✔표를 하세요.

1. 나는 그림을 그릴 거야.
   ⓐ **I go to** draw a picture.
   ⓑ **I'm going to** draw a picture.

2. 나는 TV를 안 볼 거야.
   ⓐ **I'm going to** watch TV.
   ⓑ **I'm not going to** watch TV.

3. 나는 오늘 집에 있을 거야.
   ⓐ I'm going to stay at home **today**.
   ⓑ I'm going to stay at home **tomorrow**.

4. 나는 이제 거짓말 안 할게요.
   ⓐ I'm not going to lie **anymore**.
   ⓑ I'm not going to lie **today**.

B 알맞은 표현을 써서 문장을 완성하세요.

| I'm going to | I'm not going to | today | anymore |

1. 나는 샤워 안 할 거야.
   ➡ _____ take a shower.

2. 나는 내 친구들을 초대할 거야.
   ➡ _____ invite my friends.

3. 나는 오늘 영어 공부를 할 거야.
   ➡ I'm going to study English _____ .

4. 나는 더 이상 안 기다릴 거야.
   ➡ I'm not going to wait _____ .

C 그림을 참고하여 상황에 알맞은 문장을 쓰세요.

1. _____
   나는 바지 안 입을 거야. (wear pants)

2. _____
   나는 치마 입을 거야. (wear a skirt)

3. _____
   나는 내일 영화를 볼 거야. (see a movie)

4. _____
   나는 내일 집에 있을 거야. (stay at home)

5. _____
   _____
   나는 이제 너랑 안 놀 거야. (play with you)

6. _____
   나는 책을 읽을 거야. (read a book)

You're going to...

너는 ~할 것이다

You're going to be a swan.
너는 백조가 될 거야.

재랑 안놀아

흑흑

swan 백조

✦ 미래에 '너는 ~할 것이다'라고 하려면
You're going to 뒤에 동사를 써요.

✦ 개구리는 미운오리새끼가 미래에 백조가 될
거라면서 You're going to...를 사용했어요.

기본패턴

You're going to win.   너는 이길 거야.

You're going to be okay.   너는 괜찮을 거야.

win 이기다   okay 괜찮은

✦ '너는 ~하지 않을 것이다'라고 하려면 You're not going to...로 시작해요.

응용패턴

You're not going to like it.   너는 그게 마음에 안 들 거야.

You're not going to be happy.   너는 행복하지 않을 거야.

Choose!

(You're going to / You're not going to) like it. 너는 그게 마음에 들 거야.

54

Practice
패턴에 알맞은 표현을 넣어 문장을 완성하세요. 🎧038 🎧039

be hungry
배고프다

love it
그것이 아주 마음에 들다

have fun
재미있다

❶ 너는 배고플 **거야.**

You're going to

❷ 너는 재미있을 **거야.**

❸ 너는 그게 아주 마음에 들 **거야.**

• '아주 좋아한다/마음에 든다'고 할 때는 like 대신 love를 사용해요.

fail
실패하다

regret it
그것을 후회하다

be late
늦다, 지각하다

❹ 너는 실패하지 **않을 거야.**

You're not going to

❺ 너는 그걸 후회하지 **않을 거야.**

❻ 너는 지각하지 **않을 거야.**

Pattern 14

Are you going to...?

너는 ~할 거니?

Are you going to sell the cow?
너는 그 소를 팔 거니?

sell 팔다   cow 젖소

✦ 미래에 '너는 ~할 거니?'라고 물을 때는
Are you going to 뒤에 동사를 써요.

✦ 노인은 Are you going to...?를 이용해
잭에게 소를 팔 거냐고 물었어요.

기본패턴

Are you going to buy the book?   너는 그 책을 살 거니?

Are you going to call him?   너는 그에게 전화할 거니?

buy 사다   him 그에게, 그를

비교 Do you call him? 너는 그에게 전화해? (현재)
Are you going to call him? 너는 그에게 전화할 거야? (미래)

✦ Aren't you going to...?라고 하면 '너는 ~안 할 거니?'라는 질문이 돼요.

응용패턴

Aren't you going to eat that?   너는 그거 안 먹을 거니?

Aren't you going to take a shower?   너는 샤워 안 할 거니?

eat 먹다

Choose!

(**Are you going to** / **Aren't you going to**) **eat that?**   너는 그거 안 먹을 거니?

56

 **Practice** 패턴에 알맞은 표현을 넣어 문장을 완성하세요.

take the bus
그 버스를 타다

take a picture
사진을 찍다

use the computer
그 컴퓨터를 사용하다

❶ 너는 그 컴퓨터 쓸 거니?

Are you going to

❷ 너는 그 버스를 탈 거니?

• 버스, 전철 등을 '타다'는 동사 take로 표현해요.

❸ 너는 사진 찍을 거니?

• 사진을 '찍다'는 동사 take로 표현해요.

answer
대답하다

invite her
그녀를 초대하다

do your homework
너의 숙제를 하다

❹ 너는 대답 안 할 거니?

Aren't you going to

❺ 너는 숙제 안 할 거니?

❻ 너는 그녀를 초대 안 할 거니?

A 알맞은 문장에 ✔표를 하세요.

1. 너는 재미있을 거야.
   ⓐ **I'm going to** have fun.
   ⓑ **You're going to** have fun.

2. 너는 실패하지 않을 거야.
   ⓐ **You're not going to** fail.
   ⓑ **You're going to** fail.

3. 너는 그 컴퓨터 쓸 거니?
   ⓐ **Are you going to** use the computer?
   ⓑ **You are going to** use the computer?

4. 너는 그를 초대 안 할 거니?
   ⓐ **Are you going to** invite him?
   ⓑ **Aren't you going to** invite him?

B 알맞은 표현을 써서 문장을 완성하세요.

> You're going to   You're not going to
> Are you going to   Aren't you going to

1. 너는 그게 아주 마음에 들 거야.
   → _____ love it.

2. 너는 그 버스 탈 거니?
   → _____ take the bus?

3. 너는 그거 안 먹을 거니?
   → _____ eat that?

4. 너는 실패하지 않을 거야.
   → _____ fail.

58

C 그림을 참고하여 상황에 알맞은 문장을 쓰세요.

1. _____
_____ this winter.
너는 올겨울에 배고플 거야. (be hungry)

2. _____
너는 그것을 후회할 거야. (regret it)

3. _____
너는 지각하지 않을 거야. (be late)

4. _____
너는 괜찮을 거야. (be okay)

5. _____
너는 책을 읽을 거니? (read a book)

6. No. _____
아뇨. 저는 잘 거예요. (sleep)

We're going to...
우리는 ~할 것이다

> **We're going to be rich.**
> 우리는 부자가 될 거야.
>
> 우와
>
> rich 부자인

✦ '우리는 ~할 것이다'는 We're going to 뒤에 동사를 써서 나타내요.

✦ '그들은 ~할 것이다'는 They're going to 뒤에 동사를 써서 나타내요.

✦ 황금알을 본 남편은 자신들이 부자가 될 거라면서 We're going to...로 말했어요.

기본패턴

We're going to take a picture.　우리는 사진을 찍을 거야.

They're going to be delicious.　그것들은 맛있을 거야.

take a picture 사진을 찍다　delicious 맛있는

✦ Are we/they going to...?는 '우리는/그들은 ~할 거야?'라고 묻는 말이에요.

응용패턴

Are we going to sleep here?　우리는 여기에서 잘 거야?

Are they going to help me?　그들이 나를 도와줄까?

Choose!

(We're going to / Are we going to) take a picture.　우리는 사진을 찍을 거야.

Practice

패턴에 알맞은 표현을 넣어 문장을 완성하세요. (044) (045)

have a party
파티를 하다

hate you
너를 아주 싫어하다

play ping-pong
탁구를 치다

❶ 우리는 파티를 할 거야.

We're going to

❷ 우리는 탁구를 칠 거야.

• '탁구'는 table tennis 또는 ping-pong이라고 해요.

❸ 그들은 너를 아주 싫어할 거야.

have a race
경주를 하다

make a cake
케이크를 만들다

find the treasure
보물을 찾다

❹ 우리는 케이크를 만들 거야?

Are we going to

❺ 우리는 경주를 할 거야?

❻ 그들이 보물을 찾을까?

He's going to...

그는 ~할 것이다

He's going to shoot me.
그 사람이 나를 쏠 거예요.

shoot (총 등을) 쏘다

♦ '그는/그녀는 ~할 것이다'라고 할 때는
He's/She's going to 뒤에 동사를 써요.

♦ 사슴은 사냥꾼이 자신을 쏠 거라면서
He's going to...를 사용했어요.

기본패턴

He's going to **have a party.**   그는 파티를 할 거야.

She's going to **play ping-pong.**   그녀는 탁구를 칠 거야.

party 파티   ping-pong 탁구

 주어가 He/She/It일 때 is going to
뒤에는 항상 동사원형을 붙여요.

♦ '그는/그녀는 ~할까요?'라고 물을 때는 Is he/she going to...?를 사용해요.

응용패턴

Is he going to **be okay?**   그는 괜찮을까요?

Is she going to **hate me?**   그녀는 나를 미워할까요?

hate 미워하다, 아주 싫어하다

Choose!

(He's going to / Is he going to) be okay.   그는 괜찮을 거야.

Practice

패턴에 알맞은 표현을 넣어 문장을 완성하세요.

buy a car
차를 사다

get angry
화를 내다

be here
여기에 오다

cook dinner
저녁을 요리하다

like me
나를 좋아하다

play soccer
축구를 하다

---

❶ 그는 화를 낼 거야.

He's going to _____

• be angry는 '화가 나 있다'이고, get angry는 '화를 내다'예요.

❷ 그녀는 차를 살 거야.

❸ 그는 곧 여기에 올 거야. + soon 곧

• '여기에 오다'는 come here 또는 be here라고 해요.

❹ 그는 저녁을 요리할까요?

Is he going to _____

❺ 그는 축구를 할까요?

❻ 그녀는 나를 좋아할까요?

A 알맞은 문장에 ✔표를 하세요.

1. 그는 차를 살 거야.
   ⓐ **He wants to** buy a car.
   ⓑ **He's going to** buy a car.

2. 우리는 파티를 할 거야.
   ⓐ **We're going to** have a party.
   ⓑ **We're not going to** have a party.

3. 그는 괜찮을까요?
   ⓐ **Is he going to** be okay?
   ⓑ **He's going to** be okay?

4. 그들이 보물을 찾을까요?
   ⓐ **They're going to** find the treasure?
   ⓑ **Are they going to** find the treasure?

B 알맞은 표현을 써서 문장을 완성하세요.

They're going to	Are we going to	He's going to	Is she going to

1. 그것들은 맛있을 거야. → _____ be delicious.

2. 그는 저녁을 요리할 거야. → _____ cook dinner.

3. 우리는 경주를 할 거야? → _____ have a race?

4. 그녀는 나를 도와줄까요? → _____ help me?

C   그림을 참고하여 상황에 알맞은 문장을 쓰세요.

1. _____

   그는 그걸 안 좋아할 거야. (like it)

2. _____

   그는 화를 낼 거야. (get angry)

3. _____

   우리는 축구를 안 할 거예요. (play soccer)

4. _____

   우리는 탁구를 칠 거예요. (play ping-pong)

5. _____

   그 애는 안 늦을 거야. (be late)

6. _____

   그 애는 곧 여기에 올 거야. (be here, soon)

Pattern 17

It's going to...
그것은 ~할 것이다

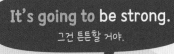

It's going to be strong.
그건 튼튼할 거야.

strong 튼튼한

✦ '그것은 ~할 것이다'라고 하려면 It's going to 뒤에 동사를 써요.

✦ 셋째 돼지는 It's going to...를 이용해 집이 튼튼할 거라고 말했어요.

기본패턴

It's going to **be fun.**   그건 재미있을 거야.

It's going to **rain today.**   오늘 비가 올 거야.

fun 재미있는   rain 비가 오다

 미래의 날씨를 예상할 때도 It's going to...를 사용해요.

✦ '그것은 ~할까?'라고 물을 때는 Is it going to...?를 사용해요.

응용패턴

Is it going to **be easy?**   그건 쉬울까?

Is it going to **be cold tomorrow?**   내일 추울까?

cold 추운   tomorrow 내일

 미래의 날씨를 물어볼 때도 Is it going to...?를 사용해요.

Choose!

(It's going to / Is it going to) be fun.   그건 재미있을 거야.

 **Practice** 패턴에 알맞은 표현을 넣어 문장을 완성하세요.

be great
대단하다

be expensive
비싸다

start
시작하다

snow
눈이 오다

be scary
무섭다

be hard
어렵다

❶ 그건 대단할 거야.

It's going to

❷ 그건 비쌀 거야.

❸ 그건 곧 시작할 거야. + soon 곧

❹ 그것은 어려울까?

Is it going to

❺ 그것은 무서울까?

❻ 오늘 눈이 올까? + today 오늘

Pattern 18

The party is going to...

파티는 ~할 것이다

The party is going to be great.
파티는 대단할 거야.

great 대단한

✦ 신데렐라의 언니는 다가오는 파티에 대해 말하면서 The party 뒤에 is going to를 썼어요.

✦ 단수 주어 뒤에 is going to를 넣어서 '~은 ~할 것이다'라고 표현해 봐요.

기본패턴

This is going to **be scary.**　　　　이건 무서울 거야.

The bell is going to **ring.**　　　　종이 울릴 거야.

scary 무서운　bell 종　ring 울리다

✦ 복수 주어 뒤에 are going to를 넣어서 '~들은 ~할 것이다'라고 표현해 봐요.

응용패턴

The kids are going to **love it.**　　아이들은 그것을 아주 좋아할 거야.

My friends are going to **help me.**　내 친구들이 나를 도와줄 거야.

kid 아이　love 아주 좋아하다

Choose!

My friends (is going to / are going to) love it.　내 친구들은 그것을 아주 좋아할 거야.

68

Practice 패턴에 알맞은 표현을 넣어 문장을 완성하세요.

stop	miss you	begin at 10
멈추다	너를 보고 싶어 하다	10시에 시작하다

❶ 비가 멈출 **거야.** + the rain 비

The rain is going to

❷ 공연은 10시에 시작할 **겁니다.** + the show 공연

❸ 앤은 너를 보고 싶어 할 **거야.** + Ann 앤

laugh	visit the museum	play in the park
웃다	박물관을 방문하다	공원에서 놀다

❹ 사람들은 웃을 **거예요.** + people 사람들

People are going to

❺ 내 친구들은 공원에서 놀 **거야.** + my friends 내 친구들

❻ 학생들은 박물관을 방문할 **거예요.** + the students 학생들

A 알맞은 문장에 ✔표를 하세요.

1. 그건 대단할 거야.
   ⓐ **It's** great.
   ⓑ **It's going to** be great.

2. 오늘 추울까?
   ⓐ **It is** cold today?
   ⓑ **Is it going to** be cold today?

3. 앤은 너를 보고 싶어 할 거야.
   ⓐ **Ann is going to** miss you.
   ⓑ **Ann are going to** miss you.

4. 내 친구들이 나를 도와줄 거야.
   ⓐ **My friends are going to** help me.
   ⓑ **My friends is going to** help me.

B 알맞은 표현을 써서 문장을 완성하세요.

> It's going to   Is it going to   is going to   are going to

1. 그것은 비쌀 거야. ➡ _____ be expensive.

2. 공연은 10시에 시작할 겁니다. ➡ The show _____ begin at 10.

3. 학생들은 박물관을 방문할 거야. ➡ The students _____ visit the museum.

4. 오늘 눈이 올까? ➡ _____ snow today?

C 그림을 참고하여 상황에 알맞은 문장을 쓰세요.

1. _____ today.

오늘 비가 올 거야. (rain)

2. No. _____

아니야. 눈이 올 거야. (snow)

3. _____

이건 쉬울 거야. (this, be easy)

4. _____

저건 어려울 거야. (that, be hard)

5. _____

그건 무서울까요? (be scary)

6. No. _____

아니. 그건 재미있을 거야. (be fun)

Pattern 19

I was going to...

나는 ~하려고 했다

I was going to tell the truth.
저는 사실을 말하려고 했어요.

truth 사실

✦ I am going to...는 '나는 ~할 것이다'이고
I was going to...는 과거에 '나는 ~하려고
했다'예요.

✦ 피노키오는 좀 전에 사실대로 말하려고
했다면서 I was going to...를 사용했어요.

기본패턴

I was going to **call you.** 나는 너한테 전화하려고 했어.

She was going to **eat breakfast.** 그녀는 아침을 먹으려고 했어.

breakfast 아침밥

 I am going to call you. 나는 너에게 전화할 거야.
I was going to call you. 나는 너에게 전화하려고 했어.

✦ We/They were going to...는 '우리는/그들은 ~하려고 했다'라는 뜻이에요.

응용패턴

We were going to **have a party.** 우리는 파티를 하려고 했다.

They were going to **have a race.** 그들은 경주를 하려고 했다.

race 경주

Choose!

(She's going to / She was going to) eat breakfast. 그녀는 아침을 먹으려고 했어.

Practice

패턴에 알맞은 표현을 넣어 문장을 완성하세요.

buy new shoes
새 신발을 사다

take a picture
사진을 찍다

wear sunglasses
선글라스를 쓰다

❶ 나는 새 신발을 사려고 했다.

I was going to

❷ 나는 선글라스를 쓰려고 했다.

❸ 그녀는 사진을 찍으려고 했어.

play a game
게임을 하다

swim in the pool
수영장에서 수영하다

surprise you
너를 놀라게 하다

❹ 우리는 게임을 하려고 했어.

We were going to

❺ 우리는 너를 놀라게 하려고 했어.

❻ 그들은 수영장에서 수영하려고 했어.

Pattern 20

I was about to...

나는 막 ~하려던 참이었다

I was about to go to school.
나는 막 학교에 가려던 참이었어요.

school 학교

✦ I was about to...는 '나는 막 ~하려던 참이 었다'라는 뜻이에요.

✦ 아들 개구리는 막 학교에 가려던 참이었다면서 I was about to...를 사용했어요.

기본패턴

I was about to go out. 나는 막 나가려던 참이었다.

I was about to eat my lunch. 나는 막 점심을 먹으려던 참이었다.

go out 나가다   lunch 점심밥

✦ I 대신 다양한 주어를 넣어 was/were about to 문장을 만들어 봐요.

응용패턴

The show was about to start. 공연은 막 시작하려던 참이었다.

They were about to leave. 그들은 막 떠나려던 참이었다.

show 공연   start 시작하다   leave 떠나다

Choose!

(I am about to / I was about to) go out. 나는 막 나가려던 참이었어.

 **Practice** 패턴에 알맞은 표현을 넣어 문장을 완성하세요.

go to bed
자다

get up
일어나다

throw the ball
공을 던지다

❶ 나는 막 일어나려던 참이었다.

I was about to

❷ 나는 막 자려던 참이었다.

❸ 나는 막 공을 던지려던 참이었다.

start
시작하다

set
(해가) 지다

kick the ball
공을 차다

❹ 영화가 막 시작하려던 참이었다. + the movie 영화

The movie was about to

❺ 남자아이는 막 공을 차려던 참이었다. + the boy 남자아이

❻ 해가 막 지려던 참이었다. + the sun 해

Pattern 20   75

A 알맞은 문장에 ✔표를 하세요.

1. 나는 선글라스를 쓰려고 했어.
   ⓐ **I am going to** wear sunglasses.
   ⓑ **I was going to** wear sunglasses.

2. 그들은 게임을 하려고 했다.
   ⓐ **They were going to** play a game.
   ⓑ **They are going to** play a game.

3. 나는 막 일어나려던 참이었다.
   ⓐ **I am about to** get up.
   ⓑ **I was about to** get up.

4. 여자아이는 막 공을 던지려던 참이었다.
   ⓐ The girl **was about to** throw the ball.
   ⓑ The girl **was going to** throw the ball.

B 알맞은 표현을 써서 문장을 완성하세요.

> I was about to   I was going to   was about to   were going to

1. 나는 새 신발을 사려고 했어.
   → _____ buy new shoes.

2. 나는 막 공을 차려던 참이었다.
   → _____ kick the ball.

3. 그들은 아침을 먹으려고 했다.
   → They _____ eat breakfast.

4. 공연이 막 시작하려던 참이었다.
   → The show _____ start.

C 그림을 참고하여 상황에 알맞은 문장을 쓰세요.

1. _____
나는 막 떠나려던 참이었어. (leave)

2. _____
나는 너한테 전화하려고 했어. (call you)
But I didn't have a phone.
그런데 핸드폰이 없었어.

3. _____
우리는 파티를 하려고 했어. (have a party)

4. _____
우리는 너를 놀라게 하려고 했어. (surprise you)

5. _____
해가 막 지려던 참이었다. (the sun, set)

6. _____
나는 사진을 찍으려고 했다. (take a picture)

A 사진을 보고 알맞은 단어를 고르세요.

1.

I'm going to (invite / hate) my friends.

2.

We're going to (miss / visit) the museum.

3.

Are you going to (leave / stay) at home?

4.

It's going to (wear / start) at 10.

5.

They're going to find the (map / treasure).

6.

I was about to (throw / kick) the ball.

B 알맞은 패턴과 표현을 찾아서 연결하세요.

1. 너는 그게 마음에 들 거야. · · I'm going to · · like it.

2. 나는 치마를 입을 거야. · · I'm not going to · · wear a skirt.

3. 너는 그 책을 살 거야? · · You're going to · · buy the book?

4. 나는 샤워 안 할 거야. · · Are you going to · · take a shower.

5. 그건 어려울 거야. · · They're going to · · hate me.

6. 그는 화를 낼 거야. · · He's going to · · rain tomorrow?

7. 그들은 나를 아주 싫어할 거야. · · It's going to · · get angry.

8. 내일 비가 올까? · · Is it going to · · be hard.

C 빈칸에 알맞은 표현을 써서 문장을 완성하세요.

1.

   ① _____ have a race.

   ② _____ win.

   우리는 경주를 할 거야. / 내가 이길 거야.

2.

   ① _____ see a movie.

   ② _____ be fun.

   그들은 영화를 볼 거야. / 그것은 재미있을 거야.

3.

   A: ① _____ sleep?

   B: No. ② _____ read a book.

   A: 너는 잘 거야? / B: 아니요. 저는 책을 읽을 거예요.

4.

   ① _____ be late.

   ② _____ be here soon.

   그는 늦지 않을 거야. / 그는 곧 여기에 올 거야.

5.

   A: ① _____ be late.

   B: ① _____ get up.

   A: 너는 늦을 거야. / B: 나는 막 일어나려던 참이었어요.

D 빈칸에 알맞은 표현을 써서 글을 완성하세요.

It's going to be hot tomorrow.

❶ [   ] go to the beach.

❷ [   ] wear a swimsuit.

We're going to swim.

It's going to be fun.

➡ 내일은 더울 거예요. 우리는 바닷가에 갈 거예요. 나는 수영복을 입을 거예요.
우리는 수영을 할 거예요. 그것은 재미있을 거예요.

We're going to have a party.

My mom is going to make a cake.

❸ [   ] invite my friends.

❹ [   ] play a game.

We're going to have fun.

➡ 우리는 파티를 할 거야. 나의 엄마는 케이크를 만들 거예요. 나는 친구들을 초대할 거야.
우리는 게임을 할 거야. 우리는 재미있을 거야.

다음 문장을
영어로 표현할 수 있나요?

- ☐ 가장 좋아하는 색이 뭐야?

- ☐ 어느 게 더 길어?

- ☐ 점심 뭐 먹었어?

- ☐ 왜 그렇게 화가 났어?

- ☐ 저 키 큰 남자는 누구야?

*Point

2주에 걸쳐 의문사가 들어간 의문문 형태를 배웁니다. 주요 의문사에는 what / why / who / when / where / how의 6가지가 있는데, 이번 주에는 그중에서 what, why, who가 들어간 패턴을 연습합니다. 의문문을 만드는 공식을 외우기보다는 문장을 통해 자연스럽게 그 형태를 익히도록 합니다.

Week 3

what & why
& who 패턴
구체적으로 물어보기 ①

What is... ?

~은 뭐야?

What is this?
이건 뭐야?

MOO~

this 이것

✦ what은 '무엇'이라는 뜻이에요.

✦ '~은 뭐야?'라고 물을 때는 What is...? 또는 줄여서 What's...?로 시작해요.

✦ 서울쥐는 저 동물이 무엇인지 묻기 위해 What is...?를 사용했어요.

기본패턴

What is that?	저것은 뭐야?
What is your name?	네 이름은 뭐니?

that 저것   name 이름

✦ 둘 중에 어느 것인지 물을 때는 which one(어느 것)을 사용해요.

응용패턴

Which one is bigger?	어느 게 더 커?
Which one is mine?	어느 게 내 거야?

bigger 더 큰   mine 내 것

Tip 형용사에 -er을 붙이면 '더 ~한'이라는 뜻이 돼요.
big 큰 → bigger 더 큰
fast 빠른 → faster 더 빠른

Choose!

(What is / Which one is) your name? 네 이름은 뭐니?

84

 패턴에 알맞은 표현을 넣어 문장을 완성하세요.

the date
날짜

your favorite color
네가 가장 좋아하는 색

the problem
문제

longer
더 긴

faster
더 빠른

better
더 좋은

❶ 문제가 뭐야?

What is

❷ 네가 가장 좋아하는 색은 뭐니?

❸ 오늘 날짜가 뭐야? (= 오늘이 며칠이지?) + today 오늘

❹ 어느 게 더 빨라?

Which one is

❺ 어느 게 더 길어?

❻ 어느 게 더 좋아?

Pattern 22

What do you...?
너는 무엇을 ~하니?

✦ What do you 뒤에 동사를 붙이면 '너는 무엇을 ~하니?'라고 묻는 말이 돼요.

✦ 물고기는 What do you 뒤에 want(원하다)를 붙여서 어부가 무엇을 원하는지 물었어요.

기본패턴

What do you need?   너는 뭐가 필요하니?

What do you want for lunch?   너는 점심으로 뭘 원해? (= 점심 뭐 먹고 싶어?)

need 필요하다   want 원하다   for lunch 점심으로

✦ 과거에 '너는 무엇을 ~했니?'라고 물을 때는 What did you...?를 사용해요.

응용패턴

What did you make?   너는 무엇을 만들었어?

What did you draw?   너는 무엇을 그렸어?

draw 그리다

Choose!

(What do you / What did you) see?   너는 무엇을 봤어?

86

 패턴에 알맞은 표현을 넣어 문장을 완성하세요.

like
좋아하다

see
보다, 보이다

want for dinner
저녁밥으로 원하다

find
찾다

buy
사다

do after school
방과후에 하다

❶ 너는 뭐가 보이니?

What do you

❷ 너는 무엇을 좋아하니?

❸ 너는 저녁으로 뭘 원해? (= 저녁 뭐 먹고 싶어?)

❹ 너는 뭐 샀어?

What did you

❺ 너는 무엇을 찾았어?

❻ 너는 학교 끝나고 뭐 했어?

Pattern 22 87

A 알맞은 문장에 ✔표를 하세요.

1. 네 이름이 뭐니?
   ⓐ **What is** your name?
   ⓑ **Who is** your name?

2. 어느 것이 더 커?
   ⓐ **What is** bigger?
   ⓑ **Which one is** bigger?

3. 너는 뭘 좋아하니?
   ⓐ **What do you** like?
   ⓑ **What did you** like?

4. 너는 무엇을 샀어?
   ⓐ **What do you** buy?
   ⓑ **What did you** buy?

B 알맞은 표현을 써서 문장을 완성하세요.

What is　　Which one is　　What do you　　What did you

1. 어느 것이 더 빨라? ➡ _____ faster?

2. 네가 가장 좋아하는 색은 뭐니? ➡ _____ your favorite color?

3. 너는 뭘 그렸어? ➡ _____ draw?

4. 너는 뭐가 보이니? ➡ _____ see?

C 그림을 참고하여 상황에 알맞은 문장을 쓰세요.

1. _____
_____

저녁으로 뭘 원해? (= 저녁 뭐 먹고 싶어?)
(want for dinner)

I want fried rice.
볶음밥 먹고 싶어요.

2. _____
_____

학교 끝나고 뭐 했어? (do after school)

I played soccer.
축구를 했어요.

3. _____

어느 게 더 좋아? (better)

The red one.
빨간 거.

4. _____

오늘 며칠이지? (the date, today)

It's May 3.
5월 3일이야.

What are you -ing?

너는 무엇을 ~하고 있어?

What are you doing here?
너희들 여기에서 뭐 하고 있는 거야?

do 하다

✦ What are you 뒤에 〈동사-ing〉를 쓰면 '너는 무엇을 ~하고 있어?'라는 뜻이에요.

✦ 거인은 What are you 뒤에 doing(하고 있는)을 넣어서 '너희들은 무엇을 하고 있어?'라고 물었어요.

기본패턴

What are you **eat**ing?	너는 뭘 먹고 있어?
What are you **watch**ing?	너는 뭘 보고 있어?

 Are you eating? 너는 먹고 있어?
What are you eating? 너는 무엇을 먹고 있어?

✦ '그는/그녀는 무엇을 ~하고 있어?'라고 하려면 What is he/she 뒤에 〈동사-ing〉를 써요.

응용패턴

What is he **cook**ing?	그는 뭘 요리하고 있어?
What is she **doing** here?	그녀는 여기서 뭐 하고 있어?

cook 요리하다

Choose!

What are you (eat / eating)? 너는 뭘 먹고 있어?

Practice 패턴에 알맞은 표현을 넣어 문장을 완성하세요.

read
읽다

paint
(물감으로) 그리다

look at
~을 보다

❶ 너는 뭘 읽고 있어?

What are you   ing?

❷ 너는 뭘 보고 있어?

• look at은 잠깐 쳐다보는 것이고, watch는 한참 동안 지켜보는 거예요.

❸ 너는 뭘 그리고 있어?

write
쓰다

plant
심다

make
만들다

❹ 그는 무엇을 쓰고 있어?

What is he   ing?

• write처럼 e로 끝나는 동사는 e를 빼고 -ing를 붙여요. write → writing

❺ 그녀는 무엇을 만들고 있어?

• make처럼 e로 끝나는 동사는 e를 빼고 -ing를 붙여요. make → making

❻ 그녀는 무엇을 심고 있어?

What a...!
정말 ~하다!

What a pretty girl!
정말 예쁜 아이구나!

pretty 예쁜
girl 여자아이

✦ 감탄할 때는 What a...!를 사용해요.

✦ What a 뒤에 〈형용사＋명사〉를 쓰면
　'정말 ~한 ~구나!'라고 감탄하는 말이 돼요.

✦ 두꺼비는 엄지공주가 예쁘다고 감탄하면서
　What a 뒤에 pretty girl(예쁜 여자아이)을
　썼어요.

기본패턴

What a smart dog!　　　　정말 똑똑한 개야!

What a pretty dress!　　　정말 예쁜 원피스다!

smart 똑똑한　dog 개　pretty 예쁜　dress 드레스, 원피스

✦ How 뒤에는 형용사를 넣어서 감탄하는 말을 만들 수 있어요.

응용패턴

How kind!　　　　정말 친절하네요!

How cute!　　　　참 귀엽다!

kind 친절한　cute 귀여운

 명사: 이름을 나타내는 말 ⓔ dog 개 girl 여자아이
형용사: 상태·모양 등을 나타내는 말 ⓔ pretty 예쁜 kind 친절한

Choose!

(What / How) a smart dog! 참 똑똑한 개야!

Practice 패턴에 알맞은 표현을 넣어 문장을 완성하세요.

good idea
좋은 생각

delicious smell
맛있는 냄새

beautiful woman
아름다운 여자

❶ 정말 좋은 생각이야!

 What a

❷ 정말 맛있는 냄새다!

❸ 정말 아름다운 여자다!

amazing
놀라운

exciting
신이 나는

clever
똑똑한

❹ 정말 신난다!

How

❺ 정말 놀랍다!

❻ 참 똑똑하구나!

A 알맞은 문장에 ✔표를 하세요.

1. 너는 뭘 먹고 있어?
   - ⓐ **What do you** eat?
   - ⓑ **What are you** eating?

2. 그녀는 뭘 요리하고 있어?
   - ⓐ **What is she** cooking?
   - ⓑ **What does she** cook?

3. 정말 귀엽다!
   - ⓐ **How** cute!
   - ⓑ **What** cute!

4. 정말 좋은 생각이야!
   - ⓐ **How a** good idea!
   - ⓑ **What a** good idea!

B 알맞은 표현을 써서 문장을 완성하세요.

What are you	What is he	What a	How

1. 참 똑똑한 개야! ➡ _____ smart dog!

2. 정말 놀랍다! ➡ _____ amazing!

3. 너는 뭘 심고 있어? ➡ _____ planting?

4. 그는 뭘 보고 있어? ➡ _____ looking at?

C 그림을 참고하여 상황에 알맞은 문장을 쓰세요.

1. _____

너는 뭘 읽고 있어? (read)

I'm reading *Harry Potter*.
〈해리 포터〉를 읽고 있어.

2. _____

그는 뭘 그리고 있어? (paint)

He's painting a monster.
괴물을 그리고 있어

3. _____

너는 뭘 만들고 있어? (make)

4. _____

참 예쁜 드레스다! (a pretty dress)

5. _____

정말 아름답다! (beautiful)

Pattern 25

Why are you so...?

너는 왜 그렇게 ~해?

Why are you so sad?
왜 그렇게 슬퍼해요?

sad 슬픈

◆ why는 '왜'라는 뜻으로, Why are you sad? 는 '너는 왜 슬퍼해?'라는 말이에요.

◆ 여기에 so(그렇게)를 넣으면 '너는 왜 그렇게 슬퍼해?'라는 뜻이 돼요.

◆ Why are you so...?를 이용해 '너는 왜 그렇게 ~해?'라고 물어봐요.

기본패턴

Why are you so happy? 너는 왜 그렇게 기분이 좋아?

Why are you so busy? 너는 왜 그렇게 바빠?

busy 바쁜

비교 Are you busy? 너는 바빠?
Why are you busy? 너는 왜 바빠?
Why are you so busy? 너는 왜 그렇게 바빠?

◆ '너는 왜 ~하고 있어?'라고 물으려면 Why are you 뒤에 〈동사-ing〉를 써요.

응용패턴

Why are you laughing? 너는 왜 웃고 있어?

Why are you crying? 너는 왜 울고 있어?

laugh 웃다   cry 울다

Choose!

(**Why are you so** / What are you so) **happy?** 너는 왜 그렇게 기분이 좋아?

Practice

패턴에 알맞은 표현을 넣어 문장을 완성하세요. 074 075

late
늦은

angry
화가 난

nervous
긴장한

❶ 너는 왜 그렇게 화가 났어?

Why are you so

❷ 너는 왜 그렇게 긴장했어?

❸ 너는 왜 그렇게 늦었어?

fight
싸우다

yell
소리 지르다

wear a coat
코트를 입다

❹ 너는 왜 소리 지르고 있어?

Why are you   ing?

• yell은 화가 나서 소리 지르는 거예요.

❺ 너희들은 왜 싸우고 있어?

❻ 너는 왜 코트를 입고 있어?

Pattern 26

Why is he so...?

그는 왜 저렇게 ~해?

Why is he so stupid?
저 애는 왜 저렇게 멍청한 거야?

1+1=?

stupid 멍청한

✦ Why is he so 뒤에 stupid(멍청한)를 써서 '그는 왜 저렇게 멍청해?'라는 말이 됐어요.

✦ Why is he/she/it so...?는 '그는/그녀는/그것은 왜 저렇게 ~해?'라는 뜻이에요.

✦ so는 상황에 따라 '그렇게, 저렇게, 이렇게'로 모두 쓰여요.

기본패턴

Why is he so late?

그는 왜 이렇게 늦어?

Why is it so heavy?

이건 왜 이렇게 무거워?

heavy 무거운

> **비교** Is he late? 그는 늦어?
> **Why** is he late? 그는 왜 늦어?
> **Why** is he **so** late? 그는 왜 이렇게 늦어?

✦ '그는/그녀는 왜 ~하고 있어?'라고 물으려면 Why is he/she 뒤에 〈동사-ing〉를 써요.

응용패턴

Why is he yelling?

그는 왜 소리를 지르고 있어?

Why is she sleeping here?

그녀는 왜 여기에서 자고 있어?

yell 소리 지르다

Choose!

Why is she (sleep / sleeping) now? 그녀는 왜 지금 자고 있어?

Practice
패턴에 알맞은 표현을 넣어 문장을 완성하세요.

quiet
조용한

dark
어두운

popular
인기가 많은

❶ 그는 왜 저렇게 인기가 많아?

Why is he so

❷ 그녀는 왜 저렇게 조용해?

❸ 왜 이렇게 어두워?

• 상황·상태를 말할 때는 it을 주어로 자주 사용해요.

shake
흔들리다, 흔들다

run
달리다

wear a dress
드레스를 입다

❹ 그는 왜 달리고 있어?

Why is he   ing?

• run은 n을 한 번 더 쓰고 -ing를 붙여요. run → running

❺ 그녀는 왜 드레스를 입고 있어?

❻ 그것은 왜 흔들리고 있지?

• shake처럼 e로 끝나는 동사는 e를 빼고 -ing를 붙여요. shake → shaking

Pattern 26 99

Check-up Pattern 25-26

A 알맞은 문장에 ✔표를 하세요.

1. 너는 왜 그렇게 바빠?
   ⓐ **Why are you so** busy?
   ⓑ **Why do you so** busy?

2. 너는 왜 소리를 지르고 있어?
   ⓐ **Why are you** yell?
   ⓑ **Why are you** yelling?

3. 그는 왜 달리고 있어?
   ⓐ **Why is he** run?
   ⓑ **Why is he** running?

4. 이건 왜 이렇게 무겁지?
   ⓐ **Why is it so** heavy?
   ⓑ **Why is it too** heavy?

B 알맞은 표현을 써서 문장을 완성하세요.

> Why are you   Why are you so   Why is he   Why is he so

1. 너희는 왜 싸우고 있어? ➡ _____ fighting?

2. 그는 왜 웃고 있어? ➡ _____ laughing?

3. 그는 왜 저렇게 인기가 많아? ➡ _____ popular?

4. 너는 왜 그렇게 긴장하고 있어? ➡ _____ nervous?

C 그림을 참고하여 상황에 알맞은 문장을 쓰세요.

1. _____
   넌 왜 그렇게 기분이 좋아? (happy)

I'm going on a picnic.
소풍 가거든.

2. _____
   넌 왜 코트를 입고 있어? (wear a coat)

I have a cold.
감기에 걸려서.

3. _____
   그 애는 왜 울고 있어? (cry)

He has lost his mom.
엄마를 잃어버렸어요.

4. _____
   이건 왜 흔들리고 있는 거지? (shake)

5. _____
   왜 이렇게 어두운 거지? (dark)

Pattern 27

Why do you...?

너는 왜 ~해?

Why do you need a sheep?
너는 왜 양이 필요하니?

need 필요하다
sheep 양

✦ Why do you 뒤에 need a sheep(양이 필요하다)을 써서 '너는 왜 양이 필요해?' 라는 말이 됐어요.

✦ Why do you 뒤에 동사를 넣어서 '너는 왜 ~해?'라고 물어봐요.

기본패턴

Why do you need money?   너는 왜 돈이 필요해?

Why do you think so?   너는 왜 그렇게 생각해?

money 돈   think 생각하다   so 그렇게

 비교 Do you need a sheep? 너는 양이 필요해?
Why do you need a sheep? 너는 왜 양이 필요해?

✦ 과거에 '너는 왜 ~했어?'라고 물으려면 Why did you...?를 사용해요.

응용패턴

Why did you call me?   너는 나한테 왜 전화했어?

Why did you do that?   너 왜 그랬어?

Choose!

(Why do you / Why did you) think so? 너는 왜 그렇게 생각해?

102

Practice

패턴에 알맞은 표현을 넣어 문장을 완성하세요.

like dogs
개를 좋아하다

hate cats
고양이를 싫어하다

need new shoes
새 신발이 필요하다

❶ 너는 왜 개를 좋아해?　　Why do you

❷ 너는 왜 고양이를 싫어해?

❸ 너는 왜 새 신발이 필요해?

hit him
그를 때리다

eat my pizza
내 피자를 먹다

choose that color
그 색을 고르다

❹ 너는 왜 내 피자를 먹었어?　　Why did you

❺ 너는 왜 그를 때렸어?

❻ 너는 왜 그 색을 골랐어?

Why don't you...?

너는 ~하는 게 어때?

Why don't you play with me?
나랑 놀지 않을래?

play with ~와 놀다

✦ Why don't you...?는 '너는 ~하는 게
어때?', '~하지 않을래?'라고 제안하는
표현이에요.

✦ 아로아가 네로에게 같이 놀지 않겠냐고 제안
하면서 Why don't you...?를 사용했어요.

기본패턴

Why don't you **help me**?   너는 나를 도와주지 않을래?

Why don't you **read a book**?   너는 책을 읽는 게 어때?

 비교   Why do you help me? 너는 왜 나를 도와줘?
          Why don't you help me? 너는 나를 도와주지 않을래?

✦ 과거에 '너는 왜 ~ 안 했어?'라고 물으려면 Why didn't you...?로 시작해요.

응용패턴

Why didn't you **call me**?   너는 왜 나한테 전화 안 했어?

Why didn't you **tell us**?   너는 왜 우리한테 말 안 했어?

tell 말하다

Choose!

(Why don't you / Why didn't you) help us?   너 우리를 도와주지 않을래?

Practice
패턴에 알맞은 표현을 넣어 문장을 완성하세요.

take a rest
쉬다

wear this shirt
이 셔츠를 입다

try some
좀 먹어 보다

❶ 너는 이 셔츠를 입는 게 어때?

Why don't you

❷ 너는 쉬는 게 어때?

❸ 너는 좀 먹어 보는 게 어때?

• try는 '시도하다', '먹어 보다'라는 뜻이에요.

ask me
나한테 물어보다

invite me
나를 초대하다

wait for me
나를 기다리다

❹ 너는 왜 나를 초대 안 했어?

Why didn't you

❺ 너는 왜 나한테 안 물어봤어?

❻ 너는 왜 나를 안 기다렸어?

Check-up Pattern 27-28

A 알맞은 문장에 ✔표를 하세요.

1. 너는 새 신발이 왜 필요해?
   - ⓐ **Why do you** need new shoes?
   - ⓑ **Why are you** need new shoes?

2. 너는 이 셔츠를 입는 게 어때?
   - ⓐ **Why do you** wear this shirt?
   - ⓑ **Why don't you** wear this shirt?

3. 너는 그를 왜 때렸어?
   - ⓐ **Why do you** hit him?
   - ⓑ **Why did you** hit him?

4. 너는 왜 나를 초대 안 했어?
   - ⓐ **Why don't you** invite me?
   - ⓑ **Why didn't you** invite me?

B 알맞은 표현을 써서 문장을 완성하세요.

> Why do you   Why don't you   Why did you   Why didn't you

1. 너는 왜 그렇게 생각해? ➡ _____ think so?

2. 너는 나한테 왜 전화했어? ➡ _____ call me?

3. 너는 왜 나를 안 기다렸어? ➡ _____ wait for me?

4. 너는 쉬는 게 어때? ➡ _____ take a rest?

C   그림을 참고하여 상황에 알맞은 문장을 쓰세요.

1. _____
  넌 왜 고양이를 싫어해? (hate cats)

3. _____
  넌 돈이 왜 필요해? (need money)

I have to buy a gift.
선물을 사야 해요.

2. _____
  넌 왜 고양이를 좋아해? (like cats)

4. _____
  너 이 애를 왜 때렸어? (hit him)

He took my ball.
그 애가 내 공을 가져갔어요.

5. _____
  좀 먹어 보지 않을래? (try some)

I don't like fish.
저는 생선 안 좋아해요.

Pattern 29

Who is...?

~은 누구니?

> **Who is that beautiful girl?**
> 저 아름다운 여자는 누구지?

beautiful 아름다운

✦ who는 '누구'라는 뜻으로, Who is...?는 '~은 누구니?'라는 뜻이에요.

✦ 사람들은 왕자와 춤추고 있는 아름다운 여자가 누구인지 궁금해서 Who is...?로 물었어요.

기본패턴

Who is he?　　　　　　　그는 누구야?

Who is your teacher?　　너의 선생님은 누구시니?

teacher 선생님

✦ 누구의 것인지 물을 때는 whose(누구의) 뒤에 명사를 붙여서 물어봐요.

응용패턴

Whose cap is this?　　이것은 누구 모자야?

Whose song is that?　　저것은 누구 노래지?

cap 모자　song 노래

Choose!

(Who is / Whose is) your teacher?　너의 선생님은 누구시니?

108

 **Practice** 패턴에 알맞은 표현을 넣어 문장을 완성하세요.

the tall man
그 키 큰 남자

your favorite singer
네가 가장 좋아하는 가수

your best friend
네 가장 친한 친구

pencil case
필통

notebook
공책

backpack
배낭, 등에 메는 가방

❶ 그 키 큰 남자는 누구야?

Who is

❷ 너의 가장 친한 친구는 누구니?

❸ 네가 가장 좋아하는 가수는 누구니?

❹ 이것은 누구 배낭이야?

Whose   is this?

❺ 이것은 누구 공책이야?

❻ 저것은 누구 필통이야?

Pattern 30

Who wants...?

~을 원하는 사람?

Who wants my bread?

내 빵 먹을 사람?

꿀꺽

bread 빵

✦ 〈Who wants + 명사?〉는 '누가 ~을 원해?', '~을 원하는 사람?'이라는 뜻이에요.

✦ 〈Who wants to + 동사?〉는 '누가 ~하고 싶어?', '~하고 싶은 사람?'이라는 뜻이에요.

✦ 암탉은 누가 빵을 원하는지 묻기 위해 Who wants...?를 사용했어요.

기본패턴

Who wants cheesecake?	치즈 케이크 먹고 싶은 사람?
Who wants to sing first?	먼저 노래하고 싶은 사람?

cheesecake 치즈 케이크   sing 노래하다   first 먼저

Tip 원하는 것이 sing 같은 동사라면 wants to 뒤에 sing을 써요.

✦ Who made...?(누가 ~을 만들었어?)처럼 Who 뒤에 과거동사를 써 봐요.

응용패턴

Who made this robot?	누가 이 로봇을 만들었어?
Who ate the cake?	누가 그 케이크를 먹었어?

made make(만들다)의 과거형   robot 로봇   ate eat(먹다)의 과거형

Choose!

(Who wants / Who made) cheesecake? 치즈 케이크 먹고 싶은 사람?

 **Practice** 패턴에 알맞은 표현을 넣어 문장을 완성하세요. (089) (090)

chocolate ice cream
초콜릿 아이스크림

a snack
간식

go camping
캠핑 가다

drew this
이것을 그렸다

ate the pie
그 파이를 먹었다

made this mess
이렇게 엉망을 만들었다

❶ 간식 먹고 싶은 사람?

Who wants

❷ 초콜릿 아이스크림 먹고 싶은 사람?

❸ 캠핑 가고 싶은 사람?

❹ 누가 그 파이를 먹었어?

Who

• eat(먹다)의 과거형은 ate예요.

❺ 누가 이것을 그렸어?

• draw(그리다)의 과거형은 drew예요.

❻ 누가 이렇게 엉망을 만들었어? (= 누가 이렇게 어질렀어?)

• mess는 '지저분하고 엉망인 상태'를 말해요.

Check-up Pattern 29-30

A 알맞은 문장에 ✔표를 하세요.

1. 네가 가장 좋아하는 가수는 누구니?
   - ⓐ **Who is** your favorite singer?
   - ⓑ **What is** your favorite singer?

2. 저것은 누구 노래지?
   - ⓐ **Who** song **is that**?
   - ⓑ **Whose** song **is that**?

3. 누가 그 케이크를 먹었어?
   - ⓐ **Who eat** the cake?
   - ⓑ **Who ate** the cake?

4. 간식 먹고 싶은 사람?
   - ⓐ **Who wants** a snack?
   - ⓑ **Who want** a snack?

B 알맞은 표현을 써서 문장을 완성하세요.

> Who is   Whose notebook   Who wants to   Who made

1. 이것은 누구 공책이야?   ➡   _____ is this?

2. 그 키 큰 남자는 누구니?   ➡   _____ the tall man?

3. 누가 이 로봇을 만들었어?   ➡   _____ this robot?

4. 캠핑 가고 싶은 사람?   ➡   _____ go camping?

C 그림을 참고하여 상황에 알맞은 문장을 쓰세요.

1. _____
너랑 가장 친한 친구는 누구야? (your best friend)

This one.
이 친구요.

2. _____
이건 누구 모자야? (cap)

It's mine.
제 거예요.

3. _____
아이스크림 먹고 싶은 사람? (ice cream)

4. _____
누가 이렇게 엉망을 만들었지? (made this mess)

A 사진을 보고 알맞은 단어를 고르세요.

1.

   What is your favorite (singer / color)?

2.

   Which one is (faster / bigger)?

3.

   What are you (planting / drawing)?

4.

   Why are you (shaking / yelling)?

5.

   Who (ate / drew) the pie?

6.

   Whose (notebook / backpack) is this?

B 알맞은 패턴과 표현을 찾아서 연결하세요.

1. 너는 뭐가 필요해? • • What do you • • see?

2. 너는 뭘 그리고 있어? • • What did you • • drawing?

3. 그는 무엇을 쓰고 있어? • • What are you • • writing?

4. 너는 무엇을 봤어? • • What is he • • need?

5. 너는 왜 그렇게 화가 났어? • • Who wants • • so angry?

6. 정말 예쁜 원피스다! • • Who made • • this robot?

7. 치즈 케이크 먹고 싶은 사람? • • Why are you • • pretty dress!

8. 누가 이 로봇을 만들었어? • • What a • • cheesecake?

C 빈칸에 알맞은 표현을 써서 문장을 완성하세요.

1.

❶ _____ drawing?

❷ _____ drawing?

너는 뭘 그리고 있어? / 그는 뭘 그리고 있어?

2.

❶ _____ so happy?

❷ _____ so sad?

너는 왜 그렇게 기분이 좋아? / 그는 왜 그렇게 슬퍼해?

3.

❶ _____ is this?

❷ _____ your favorite singer?

이것은 누구 노래야? / 네가 가장 좋아하는 가수는 누구야?

4.

❶ _____ want for lunch?

❷ _____ help me?

너는 점심으로 뭘 원해? / 너는 나를 좀 도와주지 않을래?

5.

❶ _____ good idea!

❷ _____ smart!

정말 좋은 생각이다! / 정말 똑똑한데!

빈칸에 알맞은 표현을 써서 글을 완성하세요.

A: What a delicious smell!

①_____ making?

B: I'm making a cake.

A: ②_____ making a cake?

B: It's Daddy's birthday.

A: Oh, no! I forgot!

➡️ A: 정말 맛있는 냄새다! **뭘** 요리하고 있어요? B: 케이크를 만들고 있어.
　 A: 왜 케이크를 만들고 있어요? B: 아빠 생일이잖아. A: 이런! 깜박했어요!

What is the problem?

Why are you fighting?

Why are you so angry?

③_____ crying?

④_____ hit him?

➡️ 문제가 뭐야? 너희는 왜 싸우고 있어? 너는 왜 이렇게 화가 났어?
　 그는 왜 울고 있어? 너는 그 애를 왜 때렸어?

다음 문장을
영어로 표현할 수 있나요?

☐ 여행은 어땠어?

☐ 그 문제를 어떻게 풀었어?

☐ 초가 몇 개 필요해?

☐ 네 생일은 언제야?

☐ 버스 정류장이 어디예요?

*Point

이번 주에는 how, when, where가 들어간 의문문 패턴을 연습합니다. 의문사 뒤에 be 동사가 나오는 패턴과 일반동사가 나오는 패턴을 두루 연습하면서 의문사 의문문에 대한 감각을 기릅니다. 그런 다음 의문사를 이용해 제안하는 법, 미래 계획을 구체적으로 묻는 법도 연습해 볼 거예요.

Week 4

how & when
& where 패턴
구체적으로 물어보기 ②

How is...?
~은 어때?

> **How is your mom?**
> 너의 엄마는 어떠시니?

엄마!!

mom 엄마

✦ how는 '어떻게', '어떠한'이라는 뜻이에요.

✦ How is...?는 '~은 어때?'라는 뜻으로 안부나 상태를 묻는 말이에요.

✦ 청개구리 엄마의 안부를 묻기 위해 How is...?를 사용했어요.

기본패턴

How is **your dad**? 너의 아빠는 어떠셔?

How is **the food**? 음식은 어때?

dad 아빠 food 음식

✦ 과거에 '~은 어땠어?'라고 물을 때는 How was...?를 사용해요.

응용패턴

How was **the movie**? 그 영화 어땠어?

How was **your trip**? 네 여행은 어땠어?

movie 영화 trip 여행

Choose!

(How is / How was) **the show?** 그 공연 어땠어?

120

Practice 패턴에 알맞은 표현을 넣어 문장을 완성하세요.

the weather
날씨

your brother
너의 남동생

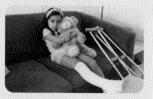

your leg
너의 다리

the restaurant
식당

your weekend
너의 주말

the field trip
체험 학습

❶ 네 남동생은 어때?

How is

❷ 네 다리는 어때?

❸ 오늘 날씨 어때? + today 오늘

❹ 네 주말은 어땠어?

How was

❺ 그 식당은 어땠어?

❻ 체험 학습은 어땠어?

• field trip은 '현장으로 가는 여행', 즉 '체험 학습', '견학'을 말해요.

How... is it?

그것은 얼마나 ~해?

How much is it?

그건 얼마예요?

사과 사세요.

much 많은, 많이

✦ How much는 '얼마나 많은'이라는 뜻으로, How much is it?은 가격이 얼마냐고 묻는 표현이에요.

✦ How long(얼마나 긴), How fast(얼마나 빠른)처럼 How 뒤에 형용사를 써서 다양한 질문을 만들어 봐요.

기본패턴

How long is it? 그것은 얼마나 길어?

How old is it? 그것은 얼마나 오래됐어?

long 긴 old 오래된

✦ 과거에 '그것은 얼마나 ~했어?'라고 물을 때는 is 대신 was를 사용해요.

응용패턴

How big was it? 그것은 얼마나 컸어?

How fun was it? 그것은 얼마나 재미있었어?

big 큰

(How long / How big) is it? 그것은 얼마나 길어?

122

 패턴에 알맞은 표현을 넣어 문장을 완성하세요.

fast
빠른

far
먼

high
높은

heavy
무거운

hard
힘든, 어려운

tall
키가 큰

❶ 그것은 얼마나 빨라?

How _____ is it?

❷ 그것은 얼마나 높아요?

❸ 거긴 얼마나 멀어요?

❹ 그것은 키가 얼마나 컸어?

How _____ was it?

❺ 그것은 얼마나 무거웠어?

❻ 그것은 얼마나 힘들었어?

Check-up Pattern 31-32

A 알맞은 문장에 ✔표를 하세요.

1. 네 다리는 어때?
   ⓐ **How is** your leg?
   ⓑ **How was** your leg?

2. 네 여행은 어땠어?
   ⓐ **How is** your trip?
   ⓑ **How was** your trip?

3. 그건 얼마나 길어?
   ⓐ **How long** is it?
   ⓑ **How tall** is it?

4. 그것은 얼마나 컸어?
   ⓐ How big **is** it?
   ⓑ How big **was** it?

B 알맞은 표현을 써서 문장을 완성하세요.

How is   How was   How far   How high

1. 체험 학습은 어땠어? → _____ the field trip?

2. 오늘 날씨 어때? → _____ the weather today?

3. 그것은 얼마나 높아? → _____ is it?

4. 거기는 얼마나 멀었어? → _____ was it?

124

C 그림을 참고하여 상황에 알맞은 문장을 쓰세요.

1. _____
너의 오빠는 어때? (your brother)

He's getting better.
나아지고 있어.

2. _____
저건 얼마나 빨라요? (fast)

Very fast.
아주 빠르지.

3. _____
음식은 어땠어요? (the food)

It was good.
맛있었어요.

4. _____
이거 얼마예요? (much)

It's $300.
300달러예요.

How do you...?

너는 어떻게 ~해?

How do you know the way home?
집으로 가는 길을 어떻게 알아?

know 알다 way 길

✦ How do you 뒤에 동사를 쓰면 '너는 어떻게 ~해?'라는 질문이 돼요.

✦ 그레텔은 오빠가 어떻게 길을 알고 있는지 궁금해서 How do you know...? (너는 ~을 어떻게 알아?)로 물었어요.

기본패턴

How do you open it? 그것을 어떻게 열어?

How do you make a sandwich? 샌드위치를 어떻게 만들어?

open 열다 sandwich 샌드위치

 Do you make a sandwich? 너는 샌드위치를 만들어?
How do you make a sandwich? 너는 샌드위치를 어떻게 만들어?

✦ 과거에 '너는 어떻게 ~했어?'라고 물을 때는 How did you...?로 시작해요.

응용패턴

How did you catch it? 너는 그것을 어떻게 잡았어?

How did you fix it? 너는 그것을 어떻게 고쳤어?

catch 잡다 fix 고치다

Choose!

(How do you / How did you) open it? 너는 그것을 어떻게 열었어?

Practice 패턴에 알맞은 표현을 넣어 문장을 완성하세요.

play this game
이 게임을 하다

turn it on
그것을 켜다

make pancakes
팬케이크를 만들다

❶ 팬케이크를 **어떻게 만들어요?**

How do you

❷ 이 게임을 **어떻게 해?**

❸ 그거 **어떻게 켜요?**

find the book
그 책을 찾다

solve the problem
그 문제를 풀다

build the sandcastle
그 모래성을 쌓다

❹ 너는 그 책을 **어떻게 찾았어?**

How did you

❺ 너희는 그 모래성을 **어떻게 쌓았어?**

❻ 너는 그 문제를 **어떻게 풀었어?**

How many... do you...?

너는 얼마나 많은 ~을 ~해? / 너는 ~을 몇 개 ~해?

How many legs do you have?
너는 다리가 몇 개 있어?

leg 다리

✦ how many legs는 '얼마나 많은 다리',
즉 '몇 개의 다리'라는 말이에요.

✦ How many candles(몇 개의 초들),
How many pencils(몇 자루의 연필들)와
같이 How many 뒤에 복수 명사를 써서
개수를 물어봐요.

기본패턴

How many eggs do you need?	너는 달걀이 몇 개 필요해?
How many pencils do you want?	너는 연필을 몇 자루 원해?

egg 달걀   pencil 연필

 how many 뒤에는 eggs, pencils처럼 항상 복수형을 써요.

✦ 과거의 일에 대해 물을 때는 do 대신 did를 써요.

응용패턴

How many books did you read?	너는 책을 몇 권 읽었어?
How many cookies did you eat?	너는 쿠키를 몇 개 먹었어?

cookie 쿠키

Choose!

(How many egg / How many eggs) do you need?   너는 달걀이 몇 개 필요해?

Practice

패턴에 알맞은 표현을 넣어 문장을 완성하세요.

stars
별들

candles
초들

balloons
풍선들

❶ 너는 초가 몇 개 필요해? + need 필요하다

How many   do you

❷ 너는 별이 몇 개 보여? + see 보이다

❸ 너는 풍선을 몇 개 원해? + want 원하다

people
사람들

candies
사탕들

hours
시간들

❹ 너는 사탕을 몇 개 받았어? + get 받다

How many   did you

❺ 너는 사람들을 몇 명 만났어? + meet 만나다

• people(사람들)은 단어 자체가 복수형이므로 s를 붙일 필요가 없어요.

❻ 너는 몇 시간 공부했어? + study 공부하다

Pattern 34   129

Check-up Pattern 33-34

A 알맞은 문장에 ✔표를 하세요.

1. 이 게임을 어떻게 해?
   ⓐ **How do you** play this game?
   ⓑ **How did you** play this game?

2. 너는 그것을 어떻게 잡았어?
   ⓐ **How do you** catch it?
   ⓑ **How did you** catch it?

3. 너는 연필을 몇 개 원해?
   ⓐ **How many** pencils **do you** want?
   ⓑ **How many** pencils **did you** want?

4. 너는 책을 몇 권 읽었어?
   ⓐ **How many book** did you read?
   ⓑ **How many books** did you read?

B 알맞은 표현을 써서 문장을 완성하세요.

How do you   How did you   How many eggs   How many people

1. 너는 달걀이 몇 개
   필요해?
   → _____ do you need?

2. 팬케이크를 어떻게
   만들어요?
   → _____ make pancakes?

3. 너는 사람들을
   몇 명 만났어?
   → _____ did you meet?

4. 너는 그것을
   어떻게 고쳤어?
   → _____ fix it?

130

C 그림을 참고하여 상황에 알맞은 문장을 쓰세요.

1. _____

이거 어떻게 켜요? (turn it on)

Press this button.
이 단추를 눌러.

2. _____

그 문제를 어떻게 풀었니? (solve the problem)

It was easy.
쉬웠어요.

3. _____

초가 몇 개 필요해요? (candles, need)

Twelve, please.
열두 개요.

4. _____

책을 몇 권이나 읽었어? (books, read)

About 10.
10권 정도.

Pattern 35

When is...?

~은 언제야?

turn 순서, 차례

◆ when은 '언제'라는 뜻이에요.

◆ '~은 언제야?'라고 물을 때는 When is...?로 시작해요.

◆ 콩은 자기 순서가 언제인지 궁금해서 When is...?로 물었어요.

기본패턴

When is **your birthday**?　　　네 생일은 언제야?

When is **the party**?　　　　　파티는 언제야?

birthday 생일

◆ 정확한 시간이 궁금할 때는 What time is...?(~은 몇 시야?)를 사용해요.

응용패턴

What time is **the movie**?　　　영화는 몇 시야?

What time is **the show**?　　　공연은 몇 시예요?

Tip 지금 몇 시냐고 물을 때는 What time is it?이라고 해요.

Choose!

(When is / What time is) your birthday?　네 생일은 언제야?

132

Practice

패턴에 알맞은 표현을 넣어 문장을 완성하세요.

the summer vacation
여름 방학

the picnic
소풍

the next train
다음 기차

❶ 소풍은 언제야?

When is

❷ 여름 방학은 언제야?

❸ 다음 기차는 언제예요?

the parade
퍼레이드, 행렬

the test
시험

the next bus
다음 버스

❹ 시험은 몇 시야?

What time is

❺ 퍼레이드는 몇 시예요?

❻ 다음 버스는 몇 시예요?

Pattern 36

When do you...?

너는 언제 ~해?

When do you sing a song?
너는 언제 노래하니?

sing 노래하다   song 노래

✦ When do you 뒤에 동사를 붙이면
  '너는 언제 ~해?'라고 묻는 말이 돼요.

✦ 왕은 새가 언제 노래하는지 알기 위해
  When do you...?로 물었어요.

기본패턴

When do you **watch TV**?   너는 언제 TV를 봐?

When do you **get up**?   너는 언제 일어나?

  Do you watch TV? 너는 TV를 봐?
When do you watch TV? 너는 언제 TV를 봐?

✦ 과거에 '너는 언제 ~했어?'라고 물을 때는 When did you...?로 시작해요.

응용패턴

When did you **come here**?   너는 언제 여기에 왔어?

When did you **see him**?   너는 언제 그를 봤어?

see 보다

  Did you see him? 너는 그를 봤어?
When did you see him? 너는 언제 그를 봤어?

Choose!

(When do you / When did you) come here? 너는 언제 여기에 왔어?

Practice
패턴에 알맞은 표현을 넣어 문장을 완성하세요. 🎧107 🎧108

eat breakfast
아침을 먹다

go to bed
자다

go home
집에 가다

❶ 너는 언제 집에 가?　When do you

❷ 너는 언제 아침을 먹어?

❸ 너는 언제 자니?

eat lunch
점심을 먹다

arrive here
여기에 도착하다

come back
돌아오다

❹ 너는 언제 여기에 도착했어?　When did you

❺ 너희는 언제 점심을 먹었어?

❻ 너는 언제 돌아왔어?

A 알맞은 문장에 ✔표를 하세요.

1. 소풍은 언제야?
   ⓐ **When is** the picnic?
   ⓑ **What time is** the picnic?

2. 시험은 몇 시예요?
   ⓐ **Where is** the test?
   ⓑ **What time is** the test?

3. 너는 언제 아침을 먹어?
   ⓐ **When do you** eat breakfast?
   ⓑ **When did you** eat breakfast?

4. 너는 언제 도착했어?
   ⓐ **When do you** arrive?
   ⓑ **When did you** arrive?

B 알맞은 표현을 써서 문장을 완성하세요.

> When is   What time is   When do you   When did you

1. 다음 기차는
   몇 시야?
   → _____ the next train?

2. 여름 방학은
   언제야?
   → _____ the summer vacation?

3. 너는 언제 자니? → _____ go to bed?

4. 너는 언제
   돌아왔어?
   → _____ come back?

136

C 그림을 참고하여 상황에 알맞은 문장을 쓰세요.

1. _____

파티가 언제야? (the party)

This Sunday.
이번 일요일.

2. _____

언제 그를 봤죠? (see him)

Yesterday.
어제요.

3. _____

넌 언제 집에 가? (go home)

At 7 o'clock.
7시에.

4. _____

다음 버스는 몇 시예요? (the next bus)

It's at three.
3시에 있단다.

Where is...?
~은 어디에 있어?

> **Where is the wolf?**
> 늘대가 어디 있어?

wolf 늘대

✦ where은 '어디에'라는 말이에요.

✦ '~은 어디에 있어?'라고 물을 때는
Where is...?로 시작해요.

✦ 마을 사람들은 늘대가 어디 있는지 묻기 위해
Where is...?를 사용했어요.

기본패턴

Where is my phone? 내 핸드폰이 어디 있지?

Where is your mom? 너의 엄마는 어디 계시니?

phone 전화기 mom 엄마

✦ 찾는 것이 복수일 때는 Where are...?로 물어봐요.

응용패턴

Where are my friends? 내 친구들은 어디에 있어요?

Where are my socks? 내 양말은 어디 있어요?

socks 양말

 Tip '양말'은 두 짝이 한 쌍이므로 복수형인 sock**s**를 사용해요.

Choose!

(Where are / Where is) my brothers? 내 남동생들은 어디에 있어요?

138

 **Practice** 패턴에 알맞은 표현을 넣어 문장을 완성하세요.

the restroom
화장실

the bus stop
버스 정류장

the post office
우체국

❶ 버스 정류장이 어디예요?

Where is

❷ 화장실이 어디예요?

• 식당, 극장 등 공공장소에 있는 '화장실'은 restroom이라고 해요.

❸ 우체국은 어디 있어요?

my glasses
내 안경

my shoes
내 신발

your parents
너의 부모님

❹ 내 신발은 어디 있어요?

 Where are

• '신발'은 두 짝이 한 쌍이므로 복수형인 shoes를 사용해요.

❺ 내 안경이 어디 있지?

• '안경'은 유리 렌즈가 두 개여서 복수형인 glasses를 사용해요.

❻ 너의 부모님은 어디에 계셔?

Pattern 37　139

Pattern 38

Where do you...?

너는 어디에서 ~해?

Where do you live?
너는 어디에 살아?

live 살다

✦ Where do you 뒤에 동사를 쓰면 '너는 어디에서 ~해?'라고 묻는 말이 돼요.

✦ 웬디는 피터팬이 어디 사는지 묻기 위해 Where do you...?로 물었어요.

기본패턴

Where do you sleep?　　　　너는 어디에서 자?

Where do you want to go?　　너는 어디 가고 싶어?

want to ~하고 싶다

 비교　Do you sleep? 너는 자?
Where do you sleep? 너는 어디에서 자?

✦ 과거에 '넌 어디에서 ~했어?'라고 물을 때는 Where did you...?로 시작해요.

응용패턴

Where did you see him?　　너는 그를 어디에서 봤어?

Where did you get it?　　　너는 그거 어디에서 났어?

get 얻다

Choose!

(**Where do you** / **Where did you**) see her?　너는 그녀를 어디에서 봤어?

140

Practice
패턴에 알맞은 표현을 넣어 문장을 완성하세요.

study
공부하다

live
살다

want to travel
여행하고 싶다

❶ 너는 어디에 살아?

Where do you

❷ 너는 어디에서 공부해?

❸ 너는 어디를 여행하고 싶어?

visit
방문하다

lose the money
돈을 잃어버리다

put your bag
네 가방을 두다

❹ 너는 어디를 방문했어?

Where did you

❺ 너는 네 가방을 어디에 뒀어?

❻ 너는 돈을 어디에서 잃어버렸어?

A 알맞은 문장에 ✔표를 하세요.

1. 너의 부모님은 어디에 계셔?
   ⓐ **Where is** your parents?
   ⓑ **Where are** your parents?

2. 내 핸드폰이 어디 있지?
   ⓐ **Where is** my phone?
   ⓑ **Where are** my phone?

3. 너는 어디에서 자?
   ⓐ **Where do you** sleep?
   ⓑ **Where did you** sleep?

4. 너는 어디를 방문했어?
   ⓐ **Where do you** visit?
   ⓑ **Where did you** visit?

B 알맞은 표현을 써서 문장을 완성하세요.

| Where is | Where are | Where do you | Where did you |

1. 화장실은 어디에 있어요? ➡ _____ the restroom?

2. 너는 어디에서 공부해? ➡ _____ study?

3. 너는 돈을 어디에서 잃어버렸어? ➡ _____ lose the money?

4. 내 양말은 어디 있어요? ➡ _____ my socks?

C 그림을 참고하여 상황에 알맞은 문장을 쓰세요.

1. _____
   버스 정류장이 어디에 있어요? (the bus stop)

Over there.
저쪽에.

2. _____
   너는 어디에 사니? (live)

Right there.
바로 저기.

3. _____
   너는 그거 어디에서 났어? (get it)

My grandma gave it to me.
나의 할머니가 나한테 주셨어.

4. _____
   내 안경이 어디 있지? (my glasses)

Pattern 39

How about...?
~은 어때?

How about this dress?
이 드레스 어때?

푸하하하

dress 드레스

✦ How about...?은 '~은 어때?'라고 물어볼 때 간편하게 쓸 수 있어요.

✦ 신데렐라 언니는 드레스가 어떤지 묻기 위해 How about...?을 사용했어요.

✦ How about 뒤에 명사를 붙여서 의견을 묻거나 제안을 해 보세요.

기본패턴

How about baseball?   야구 어때?

How about Friday?   금요일 어때?

baseball 야구   Friday 금요일   **Tip** 약속 시간을 정할 때도 How about...?을 사용하면 편리해요.

✦ How about...? 대신 What about...?(~은 어때?)을 써도 돼요.

응용패턴

What about tomorrow?   내일은 어때?

What about ice cream?   아이스크림 어때?

ice cream 아이스크림

Choose!

(How / How about) Friday? 금요일 어때?

144

 패턴에 알맞은 표현을 넣어 문장을 완성하세요.

this Tuesday
이번 주 화요일

this T-shirt
이 티셔츠

going to a movie
영화 보러 가는 것

❶ 이 티셔츠는 어때?　　　How about

❷ 이번 주 화요일은 어때?

　　　• '이번 주 화요일'은 this Tuesday, '다음 주 화요일'은 next Tuesday라고 해요.

❸ 영화 보러 가는 거 어때?

next Sunday
다음 주 일요일

French fries
감자튀김

playing cards
카드놀이 하는 것

❹ 감자튀김 어때?　　　What about

❺ 카드놀이 하는 거 어때?

❻ 다음 주 일요일은 어때?

　　　• 요일 이름은 항상 대문자로 시작해요.

What are you going to...?

너는 무엇을 ~할 거야?

What are you going to draw?
너는 무엇을 그릴 거야?

네로야~

draw 그리다

✦ What과 are you going to가 만나면 '너는 무엇을 ~할 거야?'라는 말이 돼요.

✦ Where are you going to...?(너는 어디에서 ~할 거야?), When are you going to...?(너는 언제 ~할 거야?) 등을 이용해 미래의 계획에 대해 물어봐요.

기본패턴

What are you going to do today? 너는 오늘 뭐 할 거야?

Where are you going to study? 너는 어디에서 공부할 거야?

 Are you going to study? 너는 공부할 거야?
Where are you going to study? 너는 어디에서 공부할 거야?
What are you going to study? 너는 무엇을 공부할 거야?

✦ he/she에 대해 물을 때는 are 대신 is를 사용해요.

응용패턴

What is she going to buy? 그녀는 뭘 살까?

When is he going to start? 그는 언제 시작할까?

 지금까지 배운 what(무엇을), why(왜), when(언제), where(어디에서), who(누가), how(어떻게)를 '의문사'라고 해요.

Choose!

(What do you / What are you going to) buy? 너는 무엇을 살 거야?

146

Practice

패턴에 알맞은 표현을 넣어 문장을 완성하세요.

finish it
그것을 끝내다

fix it
그것을 고치다

meet them
그들을 만나다

❶ 너는 그것을 언제 끝낼 거야?

When are you going to

❷ 너는 그들을 어디에서 만날 거야?

• see는 우연히 본 것이고, meet는 일부러 만나는 거예요.

❸ 너는 그것을 어떻게 고칠 거야?

hide
숨다

wear
입다

be here
여기에 오다

❹ 그녀는 무엇을 입을까?

What is she going to

❺ 그녀는 언제 여기에 올까?

❻ 그는 어디에 숨을까?

Pattern 40   147

A 알맞은 문장에 ✔표를 하세요.

1. 다음 주 일요일은 어때?
    ⓐ **Why about** next Sunday?
    ⓑ **What about** next Sunday?

2. 이 티셔츠는 어때?
    ⓐ **How about** this T-shirt?
    ⓑ **Where about** this T-shirt?

3. 너는 언제 시작할 거야?
    ⓐ **When do you** start?
    ⓑ **When are you going to** start?

4. 그는 무엇을 그릴까?
    ⓐ **What is he going to** draw?
    ⓑ **Where is he going to** draw?

B 알맞은 표현을 써서 문장을 완성하세요.

> How about   When are you going to
> Where are you going to   What is he going to

1. 너는 어디에서
공부할 거야? ➡ _____ study?

2. 너는 그것을 언제
끝낼 거야? ➡ _____ finish it?

3. 그는 무엇을 살까? ➡ _____ buy?

4. 카드 놀이 하는 거
어때? ➡ _____ playing cards?

그림을 참고하여 상황에 알맞은 문장을 쓰세요.

1. _____
금요일은 어때? (how, Friday)

Sounds good.
좋아.

2. _____
_____
무엇을 살 거예요? (buy)

3. _____
_____
그거 어떻게 고치실 거예요? (fix it)

4. _____
_____
그는 언제 여기에 올까? (be here)

A 사진을 보고 알맞은 단어를 고르세요.

1.

How is the (date / weather) today?

2.

How (far / high) is it?

3.

How many (candles / balloons) do you want?

4.

When is the (picnic / parade)?

5.

Where is the (restroom / post office)?

6.

How about (Friday / Sunday)?

B 알맞은 패턴과 표현을 찾아서 연결하세요.

1. 그 영화 어땠어? • | • How is • | • the movie?

2. 너의 남동생은 어때? • | • How was • | • catch it?

3. 너는 그것을 어떻게 잡았어? • | • How do you • | • your brother?

4. 팬케이크를 어떻게 만들어요? • | • How did you • | • make pancakes?

5. 체험 학습은 언제예요? • | • Where is • | • arrive here?

6. 우체국이 어디예요? • | • When is • | • start?

7. 너는 언제 여기에 도착했어? • | • When did you • | • the field trip?

8. 너는 언제 시작할 거야? • | • When are you going to • | • the post office?

C   빈칸에 알맞은 표현을 써서 문장을 완성하세요.

1.

❶ _____ the bus stop?

❷ _____ the next bus?

버스 정류장이 어디예요? / 다음 버스는 언제예요?

2.

A: ❶ _____ is it?

B: Ten dollars. ❷ _____ the food?

A: 얼마예요? / B: 10달러예요. 음식은 어땠어요?

3.

❶ _____ your parents?

❷ _____ live?

너의 부모님은 어디에 계셔? / 너는 어디에 사니?

4.

❶ _____ see him?

❷ _____ see him?

그를 언제 봤나요? / 그를 어디에서 봤나요?

5.

❶ _____ meet them?

❷ _____ meet them?

너는 그들을 언제 만날 거야? / 너는 그들을 어디에서 만날 거야?

152

빈칸에 알맞은 표현을 써서 글을 완성하세요.

A: How was your trip?

B: It was great!

A: ❶ _____ visit?

B: We visited Paris.

A: ❷ _____ come back?

B: Yesterday.

➡ A: 네 여행은 어땠어? B: 아주 좋았어! A: 너는 **어디를 방문했어?** B: 우리는 파리를 방문했어.
　　A: 너는 언제 **돌아왔어?** B: 어제.

A: When is your birthday?

B: Tomorrow.

A: ❸ _____ the party?

B: At 4 o'clock.

A: ❹ _____ want for a gift?

➡ A: 네 생일은 언제야? B: 내일. A: **파티가 몇 시야?** B: 4시야. A: **선물로 뭐 받고 싶어?**

기적 영어 학습서

기본이 탄탄! 실전에서 척척!
유초등 필수 영어능력을 길러주는 코어 학습서

유아 영어
재미있는 액티비티가 가득한
4~6세를 위한 영어 워크북

4세 이상

5세 이상

6세 이상

6세 이상

파닉스 완성 프로그램
알파벳 음가 ➜ 사이트워드
➜ 읽기 연습까지!
리딩을 위한 탄탄한 기초 만들기

6세 이상 전 3권

1~3학년

1~3학년 전 3권

영어 단어
영어 실력의 가장 큰 바탕은 어휘력!
교과과정 필수 어휘 익히기

1~3학년 전 2권

3학년 이상 전 2권

영어 리딩
패턴 문장 리딩으로 시작해
정확한 해석을 위한 끊어읽기까지!
탄탄한 독해 실력 쌓기

2~3학년 전 3권

3~4학년 전 3권

4~5학년 전 2권

5~6학년 전 2권

영어 라이팅
저학년은 패턴 영작으로,
고학년은 5형식 문장 만들기 연습으로
튼튼한 영작 실력 완성

2학년 이상 전 4권

4학년 이상 전 5권

5학년 이상 전 2권

6학년 이상

영어일기
한 줄 쓰기부터 생활일기,
주제일기까지!
영어 글쓰기 실력을 키우는 시리즈

3학년 이상

4~5학년

5~6학년

영문법
중학 영어 대비, 영어 구사
정확성을 키워주는 영문법 학습

4~5학년 전 2권

5~6학년 전 3권

6학년 이상

초등 필수 영어 무작정 따라하기

초등 시기에 놓쳐서는 안 될 필수 학습은 바로 영어 교과서!
영어 교과서 5종의 핵심 내용을 쏙쏙 뽑아 한 권으로 압축 정리했습니다.
초등 과정의 필수학습으로 기초를 다져서 중학교 및 상위 학습의 단단한 토대가 되게 합니다.

1~2학년

2~3학년

2~3학년

3학년 이상

4학년 이상

미국교과서 리딩

문제의 차이가 영어 실력의 차이! 논픽션 리딩에 강해지는 《미국교과서 READING》
논픽션 리딩에 가장 좋은 재료인 미국 교과과정의 주제를 담은 지문을 읽고, 독해력과
문제 해결력을 두루 향상시킬 수 있도록 구성한 단계별 리딩 프로그램

LEVEL 1
준비 단계

LEVEL 2
시작 단계

LEVEL 3
정독 연습 단계

LEVEL 4
독해 정확성 향상 단계

LEVEL 5
독해 통합심화 단계

어떤 책을 봐야 할까?
영작 실력을 키우는 기적 시리즈!

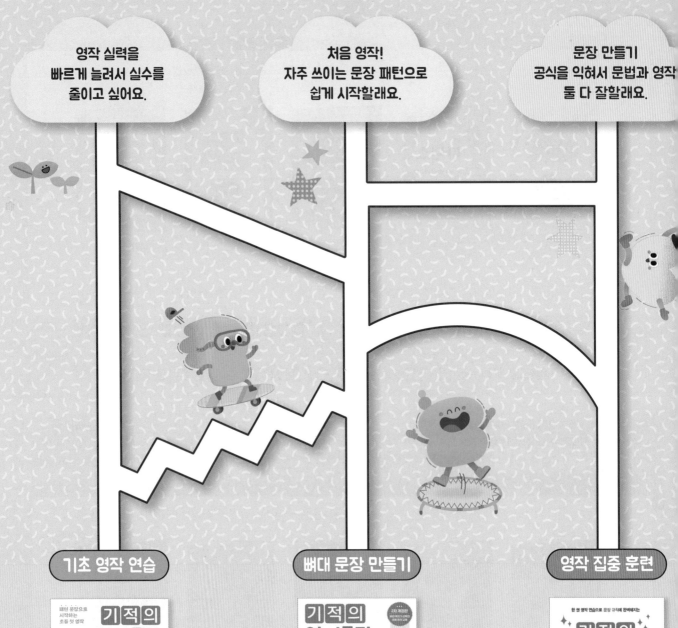

영작 실력을
빠르게 늘려서 실수를
줄이고 싶어요.

처음 영작!
자주 쓰이는 문장 패턴으로
쉽게 시작할래요.

문장 만들기
공식을 익혀서 문법과 영작
둘 다 잘할래요.

기초 영작 연습

뼈대 문장 만들기

영작 집중 훈련

★ **기적의 영어문장 쓰기 1~4** ★

쉬운 패턴 문장으로
시작하는 기초 영작

대상: 초등 2~4학년

★ **기적의 영어문장 만들기 1~5** ★

어순에 맞는 단어블록 배열로
뼈대 문장부터 긴 문장까지!

대상: 초등 4~6학년

★ **기적의 영어문장 트레이닝** ★

문법과 영작에 강해지는
5형식 문장 만들기 집중 훈련

대상: 초등 5~6학년

기적의 영어문장 쓰기

4

(영단어 연습장 & 정답)

길벗스쿨

Book
4

영단어 연습장

*〈영단어 연습장〉을 옆에 두고 활용하세요.
단어를 쓰면서 뜻을 기억하고 철자를 연습해 보세요.

❶ 약

medicine

❷ 시험

test

❸ 화장실

bathroom

❹ 걱정하다

worry

❺ 학교

school

❻ 일찍

early

❼ 휴식

rest

❽ 당기다

pull

❾ 차례, 순번

turn

❿ 소리 지르다

shout

⓫ 끝내다

finish

⓬ 일어나다

get up

❶ 밀다

push

❷ 아끼다

save

❸ 재활용하다

recycle

❹ 걷다

walk

❺ 서두르다

hurry

❻ 건너다

cross

❼ 선물

gift

❽ 일기

diary

❾ 독후감

book report

❿ 재킷, 잠바

jacket

⓫ 택시

taxi

⓬ 가져오다

bring

Pattern 05-06

❶ 빌리다
borrow

❷ 병원
hospital

❸ 먹이를 주다
feed

❹ 자전거
bicycle

❺ 접시
dish

❻ 일어나다
wake up

❼ 장화
rain boots

❽ 수학
math

❾ 물을 주다
water

❿ 마스크, 가면
mask

⓫ 조심하는
careful

⓬ 우산
umbrella

Pattern 07-08

❶ 서다
stand

❷ 줄, 선
line

❸ 야채
vegetable

❹ 낭비하다
waste

❺ 너무 많이
too much

❻ 자르다, 끊다
cut

❼ 숨다
hide

❽ 수영복
swimsuit

❾ 구명조끼
life jacket

❿ 수영하다
swim

⓫ 거짓말, 거짓말하다
lie

⓬ 무엇이든, 아무것
anything

❶ 신이 난

excited

❷ 배고픈

hungry

❸ 피곤한

tired

❹ 무서운

afraid

❺ 맛있는

delicious

❻ 꿈

dream

❼ 틀린

wrong

❽ 위험한

dangerous

❾ 감기, 추운

cold

❿ 안전한

safe

⓫ 답, 대답

answer

⓬ 오다

come

❶ 바지

pants

❷ 그림, 사진

picture

❸ 초대하다

invite

❹ 영화

movie

❺ 칫솔질하다

brush

❻ 머무르다

stay

❼ 머리

hair

❽ 치마

skirt

❾ 샤워

shower

❿ 울다

cry

⓫ 기다리다

wait

⓬ 놀다

play

① 배고픈

hungry

② 사랑하다

love

③ 재미, 재미있는

fun

④ 실패하다

fail

⑤ 후회하다

regret

⑥ 늦은

late

⑦ (버스 등을) 타다

take

⑧ 사용하다

use

⑨ 컴퓨터

computer

⑩ 대답하다

answer

⑪ 초대하다

invite

⑫ 숙제

homework

① 파티

party

② 아주 싫어하다

hate

③ 탁구

ping-pong

④ 경주

race

⑤ 케이크

cake

⑥ 보물

treasure

⑦ 사다

buy

⑧ 화가 난

angry

⑨ 여기에

here

⑩ 요리하다

cook

⑪ 나를

me

⑫ 축구

soccer

❶ 대단한
great

❷ 비싼
expensive

❸ 시작하다
start

❹ 눈이 오다
snow

❺ 무서운
scary

❻ 어려운, 힘든
hard

❼ 멈추다
stop

❽ 그리워하다
miss

❾ 시작하다
begin

❿ 웃다
laugh

⓫ 박물관
museum

⓬ 공원
park

Pattern 19-20

❶ 신발
shoes

❷ 입고 있다
wear

❸ 선글라스
sunglasses

❹ 게임, 경기
game

❺ 수영장
pool

❻ 놀라게 하다
surprise

❼ 자다
go to bed

❽ 일어나다
get up

❾ 던지다
throw

❿ 시작하다
start

⓫ (해가) 지다
set

⓬ 차다
kick

❶ 날짜

date

❷ 매우 좋아하는

favorite

❸ 문제

problem

❹ 더 긴

longer

❺ 더 빠른

faster

❻ 더 좋은

better

❼ 좋아하다

like

❽ 보다, 보이다

see

❾ 원하다

want

❿ 찾다

find

⓫ 사다

buy

⓬ 후에

after

---

❶ 읽다

read

❷ (물감으로) 그리다

paint

❸ ~을 보다

look at

❹ 쓰다

write

❺ 심다

plant

❻ 만들다

make

❼ 생각

idea

❽ 냄새

smell

❾ 여자

woman

❿ 놀라운

amazing

⓫ 신이 나는

exciting

⓬ 똑똑한

clever

Pattern 25-26

❶ 늦은

late

❷ 화가 난

angry

❸ 긴장한

nervous

❹ 싸우다

fight

❺ 소리 지르다

yell

❻ 코트

coat

❼ 조용한

quiet

❽ 어두운

dark

❾ 인기가 많은

popular

❿ 흔들리다, 흔들다

shake

⓫ 달리다

run

⓬ 드레스, 원피스

dress

Pattern 27-28

❶ 좋아하다

like

❷ 아주 싫어하다

hate

❸ 필요하다

need

❹ 그를

him

❺ 먹다

eat

❻ 고르다

choose

❼ 휴식

rest

❽ 셔츠

shirt

❾ 시도하다

try

❿ 물어보다

ask

⓫ 초대하다

invite

⓬ ~를 기다리다

wait for

❶ 남자

man

❷ 가수

singer

❸ 가장 좋은

best

❹ 친구

friend

❺ 공책

notebook

❻ 배낭, 등에 메는 가방

backpack

❼ 아이스크림

ice cream

❽ 간식

snack

❾ 캠핑하는 것

camping

❿ 그렸다 (draw의 과거형)

drew

⓫ 먹었다 (eat의 과거형)

ate

⓬ 만들었다 (make의 과거형)

made

❶ 날씨

weather

❷ 남자 형제(오빠, 형, 남동생)

brother

❸ 다리

leg

❹ 식당

restaurant

❺ 주말

weekend

❻ 체험 학습

field trip

❼ 빠른

fast

❽ 먼

far

❾ 높은

high

❿ 무거운

heavy

⓫ 힘든, 어려운

hard

⓬ 키가 큰

tall

Pattern 33-34

❶ 게임, 경기
game

❷ 켜다
turn on

❸ 팬케이크
pancake

❹ 찾다
find

❺ 풀다
solve

❻ 모래성
sandcastle

❼ 별
star

❽ 초
candle

❾ 풍선
balloon

❿ 사람들
people

⓫ 사탕
candy

⓬ 시간
hour

Pattern 35-36

❶ 방학
vacation

❷ 소풍
picnic

❸ 기차
train

❹ 퍼레이드, 행렬
parade

❺ 시험
test

❻ 다음의
next

❼ 아침 식사
breakfast

❽ 자다
go to bed

❾ 집, 가정
home

❿ 점심 식사
lunch

⓫ 도착하다
arrive

⓬ 오다
come

10

❶ 화장실
restroom

❷ 버스 정류장
bus stop

❸ 우체국
post office

❹ 안경
glasses

❺ 신발
shoes

❻ 부모님
parents

❼ 공부하다
study

❽ 살다
live

❾ 여행하다
travel

❿ 방문하다
visit

⓫ 잃어버리다
lose

⓬ 놓다, 두다
put

❶ 화요일
Tuesday

❷ 티셔츠
T-shirt

❸ 영화
movie

❹ 일요일
Sunday

❺ 감자튀김
French fries

❻ 카드
card

❼ 끝내다
finish

❽ 고치다
fix

❾ 만나다
meet

❿ 숨다
hide

⓫ 입고 있다
wear

⓬ 여기에
here

11

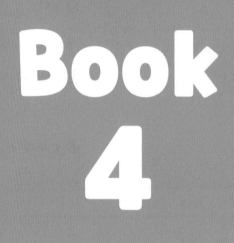

Book
4

정답

* 축약형을 써도 동일한 표현이므로 맞힌 것으로 채점해 주세요.
  아이들이 영작에 흥미를 잃지 않고 재미있고 자신 있게 쓸 수
  있게 지도해 주세요.

Pattern 01

❶ I have to go to the bathroom.
❷ I have to take my medicine.
❸ I have to study for the test.
❹ I don't have to worry.
❺ I don't have to go to bed early.
❻ I don't have to go to school today.

Pattern 02

❶ You have to pull the door.
❷ You have to take a rest.
❸ You have to wait your turn.
❹ You don't have to shout.
❺ You don't have to get up early.
❻ You don't have to finish it now.

Pattern 03

❶ We have to save water.
❷ We have to recycle paper.
❸ They have to push the door.
❹ We don't have to hurry.
❺ We don't have to walk fast.
❻ They don't have to cross the bridge.

Pattern 04

❶ She has to buy a gift.
❷ He has to write a book report.
❸ She has to write in a diary.
❹ She doesn't have to bring a present.
❺ She doesn't have to wear a jacket.
❻ He doesn't have to take a taxi.

Check-up Pattern 01-02

1. ⓐ   2. ⓑ   3. ⓐ   4. ⓑ

B 1. I have to
   2. You have to
   3. I don't have to
   4. You don't have to

1. I have to go to the restroom.
2. You have to wait your turn.
3. You have to study for the test.
4. I don't have to study anymore.
5. You have to get up now.
6. I don't have to go to school today.

Check-up Pattern 03-04

1. ⓐ   2. ⓐ   3. ⓐ   4. ⓑ

B 1. We have to
   2. He has to
   3. We don't have to
   4. He doesn't have to

1. They have to hurry.
2. But they don't have to run.
3. He doesn't have to write in a diary.
4. But he has to write a book report.
5. We have to save water.
6. We have to recycle paper.

Pattern 05

❶ I had to go to the hospital.
❷ I had to borrow some money.
❸ She had to feed the dog.
❹ I didn't have to fix the bicycle.
❺ We didn't have to wake up early.
❻ She didn't have to wash the dishes.

Pattern 06

❶ I should study math.
❷ I should wear rain boots.
❸ I should water the flowers.
❹ We should be careful.
❺ They should wear a mask.
❻ She should take an umbrella.

Check-up Pattern 05-06

  1. ⓐ   2. ⓑ   3. ⓐ   4. ⓑ

B 1. I had to
   2. I didn't have to
   3. I should
   4. We should

  1. I had to run fast.
  2. But she didn't have to run.
  3. I didn't have to go to the hospital.
  4. But he had to go to the hospital.
  5. I should go home.
  6. I should feed my dog.

Pattern 07

❶ You should stand in line.
❷ You should save money.
❸ You should eat vegetables.
❹ You should not eat too much.
❺ You should not waste your money.
❻ You should not cut in line.

Pattern 08

❶ You must hide.
❷ You must wear a swimsuit.
❸ We must wear a life jacket.
❹ You must not touch anything.
❺ You must not tell a lie.
❻ They must not swim here.

Check-up Pattern 07-08

  1. ⓐ   2. ⓑ   3. ⓐ   4. ⓑ

B 1. You should
   2. We must
   3. You should not
   4. We must not

  1. I should wear gloves.
  2. I should wear a mask.
  3. You should not cut in line.
  4. You must stand in line.
  5. You must wear a swimsuit.
  6. You must wear a life jacket.

14

Pattern 09

❶ You must be tired.
❷ You must be hungry.
❸ You must be excited.
❹ It must be a dream.
❺ It must be delicious.
❻ He must be afraid.

Pattern 10

❶ I may be wrong.
❷ You may catch a cold.
❸ It may be dangerous.
❹ It may not be the answer.
❺ It may not be safe.
❻ She may not come to the party.

Check-up Pattern 09-10

1. ⓐ   2. ⓑ   3. ⓐ   4. ⓑ

B 1. I may be
   2. You must be
   3. It must be
   4. It may not be

   1. You must be cold.
   2. You may catch a cold.
   3. It may not be safe.
   4. It may be dangerous.
   5. I may be late.
   6. You must not be late.

Weekly Review Pattern 01-10

   1. medicine
   2. push
   3. recycle
   4. feed
   5. save
   6. life jacket

   1. I have to study for the test.
   2. She has to go to the bank.
   3. I don't have to hurry.
   4. You have to brush your teeth.
   5. You should not cut in line.
   6. It may be dangerous.
   7. You must stand in line.
   8. It must be delicious.

   1. ❶ I have to   ❷ I don't have to
   2. ❶ We don't have to
      ❷ we have to
   3. ❶ He has to   ❷ It may not
   4. ❶ She had to   ❷ she didn't have to
   5. ❶ You should   ❷ You may

   ❶ You have to
   ❷ I don't have to
   ❸ I have to
   ❹ You don't have to

15

Pattern 11

❶ I'm going to draw a picture.
❷ I'm going to wear pants.
❸ I'm going to invite my friends.
❹ I'm going to see a movie today.
❺ I'm going to stay at home tomorrow.
❻ I'm going to brush my teeth now.

Pattern 12

❶ I'm not going to wear a skirt.
❷ I'm not going to wash my hair.
❸ I'm not going to take a shower.
❹ I'm not going to wait anymore.
❺ I'm not going to cry anymore.
❻ I'm not going to play with you anymore.

Check-up Pattern 11-12

1. ⓑ   2. ⓑ   3. ⓐ   4. ⓐ

B 1. I'm not going to
   2. I'm going to
   3. today
   4. anymore

   1. I'm not going to wear pants.
   2. I'm going to wear a skirt.
   3. I'm going to see a movie tomorrow.
   4. I'm going to stay at home tomorrow.
   5. I'm not going to play with you anymore.
   6. I'm going to read a book.

   * I am = I'm

Pattern 13

❶ You're going to be hungry.
❷ You're going to have fun.
❸ You're going to love it.
❹ You're not going to fail.
❺ You're not going to regret it.
❻ You're not going to be late.

Pattern 14

❶ Are you going to use the computer?
❷ Are you going to take the bus?
❸ Are you going to take a picture?
❹ Aren't you going to answer?
❺ Aren't you going to do your homework?
❻ Aren't you going to invite her?

Check-up Pattern 13-14

1. ⓑ   2. ⓐ   3. ⓐ   4. ⓑ

B 1. You're going to
   2. Are you going to
   3. Aren't you going to
   4. You're not going to

   1. You're going to be hungry this winter.
   2. You're going to regret it.
   3. You're not going to be late.
   4. You're going to be okay.
   5. Are you going to read a book?
   6. I'm going to sleep.

   * You are = You're / I am = I'm

Pattern 15

❶ We're going to have a party.
❷ We're going to play ping-pong.
❸ They're going to hate you.
❹ Are we going to make a cake?
❺ Are we going to have a race?
❻ Are they going to find the treasure?

Pattern 16

❶ He's going to get angry.
❷ She's going to buy a car.
❸ He's going to be here soon.
❹ Is he going to cook dinner?
❺ Is he going to play soccer?
❻ Is she going to like me?

Check-up Pattern 15-16

  1. ⓑ   2. ⓐ   3. ⓐ   4. ⓑ

B 1. They're going to
   2. He's going to
   3. Are we going to
   4. Is she going to

   1. He's not going to like it.
   2. He's going to get angry.
   3. We're not going to play soccer.
   4. We're going to play ping-pong.
   5. She's not going to be late.
   6. She's going to be here soon.

   * He is = He's / We are = We're
     She is = She's

Pattern 17

❶ It's going to be great.
❷ It's going to be expensive.
❸ It's going to start soon.
❹ Is it going to be hard?
❺ Is it going to be scary?
❻ Is it going to snow today?

Pattern 18

❶ The rain is going to stop.
❷ The show is going to begin at 10.
❸ Ann is going to miss you.
❹ People are going to laugh.
❺ My friends are going to play in the park.
❻ The students are going to visit the museum.

Check-up Pattern 17-18

  1. ⓑ   2. ⓑ   3. ⓐ   4. ⓐ

B 1. It's going to
   2. is going to
   3. are going to
   4. Is it going to

   1. It's going to rain today.
   2. It's going to snow.
   3. This is going to be easy.
   4. That is going to be hard.
   5. Is it going to be scary?
   6. It's going to be fun.

   * It is = It's

Pattern 19

Choose! She was going to ·················· p.72

Practice ·················· p.73

❶ I was going to buy new shoes.
❷ I was going to wear sunglasses.
❸ She was going to take a picture.
❹ We were going to play a game.
❺ We were going to surprise you.
❻ They were going to swim in the pool.

Pattern 20

Choose! I was about to ·················· p.74

Practice ·················· p.75

❶ I was about to get up.
❷ I was about to go to bed.
❸ I was about to throw the ball.
❹ The movie was about to start.
❺ The boy was about to kick the ball.
❻ The sun was about to set.

Check-up Pattern 19-20

A ·················· p.76
   1. ⓑ   2. ⓐ   3. ⓑ   4. ⓐ

B 1. I was going to
   2. I was about to
   3. were going to
   4. was about to

C ·················· p.77
   1. I was about to leave.
   2. I was going to call you.
   3. We were going to have a party.
   4. We were going to surprise you.
   5. The sun was about to set.
   6. I was going to take a picture.

Weekly Review Pattern 11-20

A ·················· p.78
   1. invite
   2. visit
   3. stay
   4. start
   5. treasure
   6. kick

B ·················· p.79
   1. You're going to like it.
   2. I'm going to wear a skirt.
   3. Are you going to buy the book?
   4. I'm not going to take a shower.
   5. It's going to be hard.
   6. He's going to get angry.
   7. They're going to hate me.
   8. Is it going to rain tomorrow?

C ·················· p.80
   1. ❶We're going to   ❷I'm going to
   2. ❶They're going to   ❷It's going to
   3. ❶Are you going to   ❷I'm going to
   4. ❶He's not going to
      ❷He's going to
   5. ❶You're going to
      ❷I was about to

D ·················· p.81
   ❶We're going to
   ❷I'm going to
   ❸I'm going to
   ❹We're going to

18

Pattern 21

Choose! What is p.84

Practice p.85

❶ What is the problem?
❷ What is your favorite color?
❸ What is the date today?
❹ Which one is faster?
❺ Which one is longer?
❻ Which one is better?

Pattern 22

Choose! What did you p.86

Practice p.87

❶ What do you see?
❷ What do you like?
❸ What do you want for dinner?
❹ What did you buy?
❺ What did you find?
❻ What did you do after school?

Check-up Pattern 21-22

A p.88

   1. ⓐ   2. ⓑ   3. ⓐ   4. ⓑ

B 1. Which one is
   2. What is
   3. What did you
   4. What do you

C p.89

   1. What do you want for dinner?
   2. What did you do after school?
   3. Which one is better?
   4. What is the date today?

Pattern 23

Choose! eating p.90

Practice p.91

❶ What are you reading?
❷ What are you looking at?
❸ What are you painting?
❹ What is he writing?
❺ What is she making?
❻ What is she planting?

Pattern 24

Choose! What p.92

Practice p.93

❶ What a good idea!
❷ What a delicious smell!
❸ What a beautiful woman!
❹ How exciting!
❺ How amazing!
❻ How clever!

Check-up Pattern 23-24

A p.94

   1. ⓑ   2. ⓐ   3. ⓐ   4. ⓑ

B 1. What a
   2. How
   3. What are you
   4. What is he

C p.95

   1. What are you reading?
   2. What is he painting?
   3. What are you making?
   4. What a pretty dress!
   5. How beautiful!

Pattern 25

❶ Why are you so angry?
❷ Why are you so nervous?
❸ Why are you so late?
❹ Why are you yelling?
❺ Why are you fighting?
❻ Why are you wearing a coat?

Pattern 26

❶ Why is he so popular?
❷ Why is she so quiet?
❸ Why is it so dark?
❹ Why is he running?
❺ Why is she wearing a dress?
❻ Why is it shaking?

Check-up Pattern 25-26

   1. ⓐ   2. ⓑ   3. ⓑ   4. ⓐ

B   1. Why are you
    2. Why is he
    3. Why is he so
    4. Why are you so

    1. Why are you so happy?
    2. Why are you wearing a coat?
    3. Why is he crying?
    4. Why is it shaking?
    5. Why is it so dark?

Pattern 27

❶ Why do you like dogs?
❷ Why do you hate cats?
❸ Why do you need new shoes?
❹ Why did you eat my pizza?
❺ Why did you hit him?
❻ Why did you choose that color?

Pattern 28

❶ Why don't you wear this shirt?
❷ Why don't you take a rest?
❸ Why don't you try some?
❹ Why didn't you invite me?
❺ Why didn't you ask me?
❻ Why didn't you wait for me?

Check-up Pattern 27-28

   1. ⓐ   2. ⓑ   3. ⓑ   4. ⓑ

B   1. Why do you
    2. Why did you
    3. Why didn't you
    4. Why don't you

    1. Why do you hate cats?
    2. Why do you like cats?
    3. Why do you need money?
    4. Why did you hit him?
    5. Why don't you try some?

Pattern 29

Choose! Who is ································· p.108

Practice ····································· p.109

❶ Who is the tall man?
❷ Who is your best friend?
❸ Who is your favorite singer?
❹ Whose backpack is this?
❺ Whose notebook is this?
❻ Whose pencil case is that?

Pattern 30

Choose! Who wants ···························· p.110

Practice ····································· p.111

❶ Who wants a snack?
❷ Who wants chocolate ice cream?
❸ Who wants to go camping?
❹ Who ate the pie?
❺ Who drew this?
❻ Who made this mess?

Check-up Pattern 29-30

A ··· p.112

1. ⓐ 2. ⓑ 3. ⓑ 4. ⓐ

B 1. Whose notebook
2. Who is
3. Who made
4. Who wants to

C ··· p.113

1. Who is your best friend?
2. Whose cap is this?
3. Who wants ice cream?
4. Who made this mess?

Weekly Review Pattern 21-30

A ··· p.114
1. color
2. bigger
3. planting
4. yelling
5. ate
6. backpack

B ··· p.115
1. What do you need?
2. What are you drawing?
3. What is he writing?
4. What did you see?
5. Why are you so angry?
6. What a pretty dress!
7. Who wants cheesecake?
8. Who made this robot?

C ··· p.116
1. ❶ What are you   ❷ What is he
2. ❶ Why are you   ❷ Why is he
3. ❶ Whose song   ❷ Who is
4. ❶ What do you   ❷ Why don't you
5. ❶ What a   ❷ How

D ··· p.117
❶ What are you
❷ Why are you
❸ Why is he
❹ Why did you

21

Pattern 31

❶ How is your brother?
❷ How is your leg?
❸ How is the weather today?
❹ How was your weekend?
❺ How was the restaurant?
❻ How was the field trip?

Pattern 32

❶ How fast is it?
❷ How high is it?
❸ How far is it?
❹ How tall was it?
❺ How heavy was it?
❻ How hard was it?

Check-up Pattern 31-32

1. ⓐ   2. ⓑ   3. ⓐ   4. ⓑ

B 1. How was
   2. How is
   3. How high
   4. How far

1. How is your brother?
2. How fast is it?
3. How was the food?
4. How much is it?

Pattern 33

❶ How do you make pancakes?
❷ How do you play this game?
❸ How do you turn it on?
❹ How did you find the book?
❺ How did you build the sandcastle?
❻ How did you solve the problem?

Pattern 34

❶ How many candles do you need?
❷ How many stars do you see?
❸ How many balloons do you want?
❹ How many candies did you get?
❺ How many people did you meet?
❻ How many hours did you study?

Check-up Pattern 33-34

1. ⓐ   2. ⓑ   3. ⓐ   4. ⓑ

B 1. How many eggs
   2. How do you
   3. How many people
   4. How did you

1. How do you turn it on?
2. How did you solve the problem?
3. How many candles do you need?
4. How many books did you read?

Pattern 35

❶ When is the picnic?
❷ When is the summer vacation?
❸ When is the next train?
❹ What time is the test?
❺ What time is the parade?
❻ What time is the next bus?

Pattern 36

❶ When do you go home?
❷ When do you eat breakfast?
❸ When do you go to bed?
❹ When did you arrive here?
❺ When did you eat lunch?
❻ When did you come back?

Check-up Pattern 35-36

　1. ⓐ　　2. ⓑ　　3. ⓐ　　4. ⓑ

B　1. What time is
　　2. When is
　　3. When do you
　　4. When did you

　　1. When is the party?
　　2. When did you see him?
　　3. When do you go home?
　　4. What time is the next bus?

Pattern 37

❶ Where is the bus stop?
❷ Where is the restroom?
❸ Where is the post office?
❹ Where are my shoes?
❺ Where are my glasses?
❻ Where are your parents?

Pattern 38

❶ Where do you live?
❷ Where do you study?
❸ Where do you want to travel?
❹ Where did you visit?
❺ Where did you put your bag?
❻ Where did you lose the money?

Check-up Pattern 37-38

　1. ⓑ　　2. ⓐ　　3. ⓐ　　4. ⓑ

B　1. Where is
　　2. Where do you
　　3. Where did you
　　4. Where are

　　1. Where is the bus stop?
　　2. Where do you live?
　　3. Where did you get it?
　　4. Where are my glasses?

Pattern 39

❶ How about this T-shirt?
❷ How about this Tuesday?
❸ How about going to a movie?
❹ What about French fries?
❺ What about playing cards?
❻ What about next Sunday?

Pattern 40

❶ When are you going to finish it?
❷ Where are you going to meet them?
❸ How are you going to fix it?
❹ What is she going to wear?
❺ When is she going to be here?
❻ Where is he going to hide?

Check-up Pattern 39-40

1. ⓑ   2. ⓐ   3. ⓑ   4. ⓐ

B 1. Where are you going to
   2. When are you going to
   3. What is he going to
   4. How about

1. How about Friday?
2. What are you going to buy?
3. How are you going to fix it?
4. When is he going to be here?

Weekly Review Pattern 31-40

1. weather
2. far
3. candles
4. parade
5. restroom
6. Sunday

1. How was the movie?
2. How is your brother?
3. How did you catch it?
4. How do you make pancakes?
5. When is the field trip?
6. Where is the post office?
7. When did you arrive here?
8. When are you going to start?

1. ❶ Where is   ❷ When is
2. ❶ How much   ❷ How was
3. ❶ Where are   ❷ Where do you
4. ❶ When did you
   ❷ Where did you
5. ❶ When are you going to
   ❷ Where are you going to

❶ Where did you
❷ When did you
❸ What time is
❹ What do you